会社は生き返る

カリスマドクターによる中小企業再生の記録

東京都中小企業再生支援協議会
中小企業再生支援全国本部
顧問
藤原 敬三［著］

日刊工業新聞社

発行に寄せて

２００3年3月18日、日本経済が長引く景気低迷とデフレにあえいでいる中、東京商工会議所内に「東京都中小企業再生支援協議会」は誕生いたしました。以来15年間、経営基盤が脆弱で資金繰りなどの不安を抱えた多くの中小企業経営者の悩みに耳を傾け、累計相談件数は約３７００件、そのうち約７００件で再生計画策定支援を完了しております。

藤原敬三氏は、東京都中小企業再生支援協議会の実行部隊である支援業務部門の初代統括責任者を務め、手探りの中で数々の企業再生を果たして来られました。さらに、２００7年には「中小企業再生支援全国本部」を立ち上げ、全国の再生支援協議会の活動支援に尽力されております。

私は、東京商工会議所の副会頭として、東京都中小企業再生支援協議会の設立当初から副会長を務め、２００9年からの2年間は会長として、その活動を見守ってまいりました。

本書は、藤原氏が支援した5社の案件を紹介しておりますが、それぞれが困難を乗り越えながら、再生を果たして事業を継続しており、大変嬉しいかぎりです。

企業の再生は一社一社の状況が異なることから、再生支援協議会の専門家はさまざまに知恵を絞りながら、支援しております。もちろん、再生支援協議会で相談を受けたものの、計画策定支援まで至らなかった企業も数多くあります。金融機関をはじめとする周囲の理解を得るためにも、経営者は真摯に事業改善に向き合っていかねばなりません。

本書を通じて、事業再生の現場の様子が少しでも皆様に伝わればと思っております。

昨今、中小企業の事業承継問題が大きく取り上げられていますが、事業再生と事業承継は密接不可分の関係にあり、本書のいくつかのケースのように事業承継を伴って再生計画を立案するケースが多くあります。

事業再生を契機に次代の経営者に引き継ぎ、大きく業績改善を果たす企業が出てくることは、われわれ支援機関にとって大きな励みとなります。

中小企業は経営環境に大きく左右され、経営者の舵取りは大変難しく、当然上手くいかないことも出てまいります。経営にお困りの際には、再生支援協議会のことを思い出して、お気軽にご相談いただければ幸いでございます。

中小企業の経営者のほか、金融機関の担当者など多くの人に本書をお読みいただき、中小企業の再生支援がますます広がり、多くの企業が元気でいられますことを期待しております。

2018年9月　東京都中小企業再生支援協議会　前会長　井上　裕之

※愛知産業株式会社代表取締役会長。
2002年～2010年東京商工会議所副会頭、2010年東京商工会議所特別顧問、日本商工会議所特別顧問。
2016年旭日中綬章を受章。

はじめに

中小企業再生のスペシャリストとして

私はもともと大手の銀行、いわゆるメガバンクに勤めていました。しかし、銀行員に向いていたのかといえばそんなことはなく、そのせいか、在籍中の職歴はかなり異色です。

30歳になったころ、私は突然、設立間もない第三セクター企業への出向を命じられました。そこは東京湾横断道路（東京湾アクアライン）の建設事業者として発足した会社で、このため、プロジェクトに関係する官庁や自治体、ゼネコン、機械メーカー、金融機関などから総勢50人前後のスタッフが集められてスタートしたのです。初めて顔を合わせた、職種も専門分野もまったく異なるメンバーによる混成部隊。しかも、与えられたミッションは、全長15・1キロメートルにもなる海底トンネルと橋梁を10年間で完成させ、当時の日本道路公団に売却するといったものでした。ちなみに、総予算は1兆円以上に上ります。

その会社において、私が担当することになった仕事は経理・財務業務でした。おそらく、金融機関の出身だったことから自動的にそう決まったのでしょうが、実はこれは大きな誤解です。一般に銀行員というのは担当する企業の資料をチェックすることはあっても、自ら決算書類を作成したりはしません。つまり、私はいきなり職場が変わっただけでなく、まったく経験のない仕事を押しつけられてしまったのです。

もちろん、ここで「できません」といえるわけはなく、私は一から勉強し、なんとか役目をこなしました。経理担当としては原価計算から決算書や税務申告書の作成、各種規定づくり、国や地方自治体との予算折衝など多様な業務に携わりましたし、その他、プロジェクトの推進に関わるさまざまな仕事もさせてもらったのです。

そのおかげで、表面的な事業計画だけでなく技術面についても、最低限の対外説明ができる程度の知識は身につきました。「アクアラインは、なぜ全部トンネルではなく、橋と組み合わせているのか」「海の中の人工島はどのような方法で造るのか」「海底トンネルは、シールド工法によるもの以外にどのような施工方法があるのか」といった質問には、今でもちゃんと答えられますよ。会社といっても一種のプロジェクトチームであり、組織横断的な交流が盛んだったことから、技術部門の人たちに、毎日、教えてもらった成果です。

このように、銀行にいるだけでは絶対に経験できない仕事に携わることができたのは、貴重な体験でした。そして、多彩なメンバーが力を合わせて一つの大きなプロジェクトを成功に導いていくプロセスと喜びを味わえたことで、その後も同じような仕事ができればと考えるようになったのです。

2年数か月間の出向期間を終えて銀行に戻った私は、大型開発プロジェクトを手掛ける部署に配属になります。まだバブル時代だったこともあり仕事は忙しく、その流れのまま、今度は東京商工会議所への出向が決まりました。当時、お台場など東京湾周辺の何か所かで開発プロジェクトが進んでおり、その中の一つのプロジェクトに中心的な立場で取り組ませてもらったのです。

ちなみに、このときが、その後長く続く東京商工会議所とのご縁の始まりで、結局、5年ほど在籍させていただきました。多くの人や企業、団体などが関わる巨大なプロジェクトに参加させてもらえたのは貴重な経験であり、いい思い出として残っています。

こうして通算8年ほど銀行の外で仕事をしてから、ようやく銀行に戻った後、しばらくして命じられたのが、ある支店への配属でした。支店長という肩書きをもらってはいたものの、その支店は多くの不良債権を抱えていたことから閉鎖する方針が内定しており、その敗戦処理を任されたのです。もちろん、閉鎖することは極秘事項でしたので、支店の行員にはいっさい伝えずに仕事を進めなければならないため、けっこう大変でした。

そのころになるとバブルは弾け、大手企業であっても経営破綻してしまうような厳しい経済環境です。当然、支店の取引先にも多くの苦しい企業、いわゆる不良債権先の中小企業はたくさんありましたが、「それぞれの事情に応じて再生策を考える」といった選択肢はありませんでした。負債が１００億円を超えるような大口の場合ならともかく、数十億円以下であれば、そういった「問題」案件を専門に処理する組織や部署に回してしまっていたのです。とにかく、対象となる企業が多すぎて、時間を掛けて対応している余裕がなかったのです。

そうやって不良債権の処理を効率的に進めながら支店を閉鎖していくのが私に与えられた役目だったのですが、実際に作業を始めてみると、そう簡単にはいかないことに気づきました。なぜなら、支店の行員たちは何も知らされないまま、突然、職場を失うか、あるいは勤務地が変わってしまうことになるのです。取引先の企業だって、融資を受けられなくなり、困ってしまうでしょう。

社会は、持ちつ持たれつの関係で成り立つものなのですから、銀行側の都合だけで物事を進めるわけにはいきません。そこで私は、不良債権処理*と支店閉鎖という二つの指令に対する諾否を3か月猶予してくれるように本部にお願いし、なんとか了承されます。そして、その猶予期間を利用し、じっくりと調査し、考えた上で納得できる結論を出そうと決意したのです。

そんな悩ましい案件の一つが、支店の取引先だった、ある中堅部品メーカーでした。1000人ほどの従業員がおり、事業そのものは、比較的、順調に推移していたのですが、オーナーによる放漫経営などが原因で借入金による負債が大きくなりすぎ、経営危機に陥っていたのです。いわゆる「破たん懸念先」で、バブル崩壊後にはよくあった話でした。

そこで、改めて財務データを分析したところ、かなり厳しい状況である上、オーナーの問題などもあり、再建はかなり難しそうです。しかし、倒産してしまえば多くの社員が職を失います。また、地元で長く事業を続けてきた会社だけに、

Keyword

不良債権処理

金融機関は、融資先が倒産した場合を想定して引当金を積むが、その作業の一環で企業の財務状況などに基づき「債務者区分」というレッテルを貼ってグループ分けを行うのが一般的。この区分は、正常先、要注意先、要管理先、破たん懸念先、実質破たん先、破たん先にグループ分けされ、要管理先以下を通常「不良債権先」と呼ぶ。ここで重要なのは、たとえ銀行が不良債権先というレッテルを貼っていても、企業は普段通り商売を続けており、会社が倒産状態であることを意味しているのではない。ただ、バブル崩壊後当時は、日本の金融システム自体が信用不安に陥っていたことから、海外からの信用を回復するために、金融庁はメガバンクに、短期間での不良債権処理を求めたのである。

地域への影響も見逃せません。
「なんとか、事業を続けられる方法はないだろうか」
私は考え込んでしまったのです。

そのころ（1990年代の終わり）、メガバンクにおける不良債権処理の方法として多かったのは、貸出金を外資系などの債権回収会社に安値で売却し貸出取引を解消して縁を切るか、担保不動産を競売するなどにより可能な限り回収した上で、会社に破産か民事再生の申立てをしてもらうかでした。いずれにしろ、そうすることにより不良債権残高を減少させる（オフバランスする）ことが優先されていたのです。

しかし、私はこの案件に関して、いずれの方法も納得できないと思っていました。したがって、どんな方法を使ってもいいから、なんとか事業が続けられるようにしてあげたいと考えたのです。そんな想いから、別の道を探っていきました。

実は、この発想こそが後の「事業再生」という概念につながっていくのですが、もちろん、この段階ではそこまで明確な意識はありません。ただ、従来のやり方に疑問を感じていただけなのです。

悩み続けた結果、私の出した結論は、スポンサーを見つけ、その会社を買収してもらう方法でした。いわゆるM&Aで、買収する側に事業の継続を約束してもらえれば雇用は守られます。中小企業の不良債権処理ではあまり前例のない取り組みだけに不安はあったものの、他に手はないのですから先に進むしかありません。さっそく、そのメーカーと取引きのあった大手の自動車部品会社にターゲットを絞って交渉を始めました。

ただし、銀行員である私にとって、これは、かなりリスキーな賭けでもあります。なぜなら、本来、M&Aのような重大事項は支店長クラスがまとめられる話ではなかったからです。

ルール上は、すべての交渉内容について銀行本部の承認を受ける必要があったのですが、そんな時間的余裕はありません。完全な見切り発車だと承知の上で、一応、報告だけはしたものの、基本的には私の独断で動き、本部には事後承諾をしてもらう腹づもりでした。

サラリーマンとしては望ましくない仕事の仕方なのかもしれませんが、多くの取引先や従業員、さらには地域社会への影響まで考えれば自分個人のことなど小さい問題であり、迷うところはありませんでした。不良債権先企業やスポンサー企業との交渉などは、まさに命懸けの覚悟で進めましたが、幸い、M&Aの話がまとまったのです。その結果、会社の株主は変わってしまったものの事業と雇用は守られたのですから、多くの人に感謝されたのはいうまでもありません。

このときの経験を通し、私は二つのことを学びました。

一つは人間関係の大切さです。スポンサーとして手をあげてくれた会社の役員も金融には精通していましたから、銀行の支店長クラスにそれだけの案件をまとめる権限がないことは重々わかっていたと思います。それにも関わらず、私の話を信じ、交渉に応じてくれたのは、ビジネスとは必ずしもルールだけに縛られるものではないと考えていたからでしょう。どんな仕事も最終的には人間同士の信頼関係の上に成り立っています。だからこそ、誠心誠意、話をすることで常識を超えた成果が得られることもあるのです。

もう一つは銀行内部の話です。不良債権化し、従来なら倒産させるしかなかった取引先を守れたことは、多くの同僚たちにとっても驚きでした。支店のメンバーは誰もがこの快挙に喜び、職場に活気が生まれたのですが、なんと、支店閉鎖の話が白紙に戻ったのです。その後、支店の行員全員が一致団結した勢いは素晴らしく、本部より業績表彰を受け、皆で楽しいパーティーを開催することができました。

ここでわかったことは、危機に際して行動するのはトップであり、社員にそのトップの姿を見せることが重要なのです。そして前向きに業績を伸ばす場面でのトップの役割は、社員全員のやる気を引き出し、明るく楽しい職場にすることであり、仕事は社員皆がやってくれるのだということでしょう。

その後、私は本部の審査部に異動になり、不良債権先である企業の再生を専門に扱う「企業再生専任審査役」に就任します。

ただし、この時代は、まだ銀行が本気で中小企業再生に取り組もうとしていたわけではありません。一社一社丁寧に時間を掛けて再生させるのではなく、大量に抱えていた不良債権を効率的に処理するため、一括で外部に債権売却してしまう「バルクセール」と呼ばれる手法による不良債権処理が主流だったのです。それでも、支店の存続に関わるような大口先については、私が行ったように「手間暇かけた再生や処理」を目指すケースがいくつかあり、それを本部からバックアップしていくのが新しい仕事でした。

それから約2年間、中小企業再生のスペシャリストとして、私は多くの案件に携わっていきます。自分にとっては、本気で取り組める仕事であり、やりがいは感じていたものの、その実態は、毎日が戦いの連続でした。

再生支援の仕事では、お客様である企業経営者への交渉や説得を行う一方、銀行内部における調整も欠かせません。しかも、どちらもかなり強引に進めなければならない局面が多く、外と中で「無理を通す」作業の連続だったのです。特に、銀行内部の調整は筆舌に尽くし難いものがありました。何しろ、合併した直後の時期でしたから……。

正直、プレッシャーも大きく、私は徐々に疲れていきました。やがて、銀行の中で中小企業の再生を強力に進めるのは難しいのではないかと考えるようになり、折しも自分が任されていた大口の不良債権先の再生や処理が一段落したタイミングの2003年(平成15年)、49歳で退職を決めました。


この段階では次の仕事の目処はまったくありませんでした。幸い、妻もそれまでの激務を知っており、「少しゆっくりしたら」と気遣ってくれましたので、しばらくはのんびりしようと思っていたのです。半年くらい休養したら、それまで培ってきた企業再生のノウハウを活かしてコンサルタントの仕事でもできればいい。そんな気持ちでした。

そこで、15年ほど前にお世話になった東京商工会議所の門を叩いたところ、たまたま、中小企業再生支援協議会を立ち上げる話が進んでいたことから、発足メンバーとして参加しないかと誘っていただいたのです。おそらく、若かりしころに出向していた5年間、精一杯、仕事をしていた私を見ていてくれた方々の応援もあったのでしょう。ありがたいことです。

それにしても、銀行ではやりきれなかった仕事のお誘いを受けるというあまりのタイミングのよさに驚くとともに、これも何かの縁だと思い、すぐに承諾したのはいうまでもありません。その結果、東京都中小企業再生支援協議会統括責任者という過分すぎる肩書きをいただき、再就職が決まったのです。

それからは、今は亡くなられてしまいましたが、当時の山口信夫東京商工会議所会頭の絶大なバックアップをいただき、自分の思うまま、自由に働かせてもらいました。

会頭から、こんな言葉をいただいていました。「藤原さんは絶対信頼できる人だと聞いています。だからすべてお任せしますので、自由にやってください。私の名前が必要であれば使ってください。そして、何か困ったことがあれば、その時には遠慮なく相談してください」と。こんな言葉をもらって、燃えない人間はいないと思います。私は、その時、絶対にこの人に迷惑を掛けてはいけない。会頭にも東京商工会議所にもいつか恩返しをすると心に誓ったことを、よく思い出します。

最初に行う組織づくりでは、東京都は対象となる企業が桁外れに多いことから、「20〜30人は必要ではないか」とアドバイスしてくださる方もいらっしゃったのですが、私はあえて少人数でスタートする道を選んでいます。理由は、まだルールも手法も確立していない「前例のない業務」を始めるのに、船頭が多すぎると迷ってしまうと考えたからでした。それなら、組織はできるだけコンパクトにし、小さく生んで、大きく育てる方がベターです。

こうした考えを聞き入れていただき、基本的なルールができるまでの半年ほどは、少数精鋭のメンバーにより、高い意識を持ってプロジェクトを推し進めていくことができました。さらに、それからの半年間で実践を繰り返しながら修正を加え、ようやく組織も業務も軌道に乗ったのです。それに合わせて人数も少しずつ増やし、今に至っています。

その後、私は２００７年に全国47都道府県の中小企業再生支援協議会を支援する目的で立ち上げた全国本部の初代責任者（統括プロジェクトマネージャー）になり、２０１７年以降は顧問を務めています。この間、内閣府や経済産業省、中小企業庁などの各種委員会にも参加させていただき、また「経営者保証に関するガイドライン」研究会などにも関わらせていただくなど、中小企業再生の道筋を切り拓いてきたと多くの方々からおっしゃっていただいております。

以上、中小企業の再生にかける私の想いをわかっていただきたいと思い、経歴から説明させていただきました。

本書は、そんな経験に基づき、中小企業再生の実態について解説していくものです。具体的なケースをあげながら、どなたにも理解しやすい内容にしましたので、専門的な知識がなくても読み進めていけると思います。経営改善や再生の取り組みを検討しようとしている多くの経営者の方々や、地方創生に向けての取り組みを強化されている地域の金融機関の方々などのお役に立てれば幸いです。

2018年9月　藤原　敬三

会社は生き返る◉目次

第一章

会社は生き返る
外科手術した企業の10年後の生存率は100％

第二章　再生ケーススタディ❶

「決して諦めない」からチャンスがある

地獄に垂らされた一本の蜘蛛の糸

再生支援企業再訪記

第三章　再生ケーススタディ②

ひたむきな心が引き寄せた「奇跡」

巡り巡ったふしぎな事業承継

再生支援企業再訪記

第四章　再生ケーススタディ③

まわりを信じさせる力

応援せずにはいられない技術屋親子

第五章　再生ケーススタディ④

「王道を進む」決断力

誠実な人柄が仕入れ先と銀行を動かす

第六章　再生ケーススタディ❺

1社を守ることが、地域の発展となる

観光地特有のバランスという支柱

第一章

会社は生き返る

外科手術した企業の10年後の生存率は100%

中小企業再生支援協議会（以下、再生支援協議会）は中小企業の事業再生に向けた取り組み（再生計画策定）を支援する国の事業です。スタッフには金融機関の出身者や公認会計士、税理士、中小企業診断士といった各分野の専門家を揃えているだけでなく、外部の法律事務所や会計事務所などとも連携を図ることで多様な対応を実現し、より現実的な計画の立案と実行を可能にしていきます。

再生支援協議会の仕事は、経営状況が悪化した、いわゆる窮境状態にある中小企業からの相談を受けた段階で始まります。なお、法律事務所などとは異なり相談料は発生しませんので、気軽に相談できます。もちろん、守秘義務もありますので、相談したことが外部に知られることはありません。

その後は、ヒアリングの内容に基づいて調査や検討を行い、事業デューディリジェンス（事業ＤＤ）や財務デューディリジェンス（財務ＤＤ）*といった分析作業の結果を受けて最良の支援策を立案していきます。そして、経営再建計画の策定から金融機関との交渉に至る「中小企業の事業再生」全体を強力にバックアップしていくのです。

Keyword

事業デューディリジェンス（事業DD）や財務デューディリジェンス（財務DD）

その会社の事業や財務の現況と将来の見通しなどに関して、専門家などの手も借りながら、さまざまな観点で調査・分析していくこと。人間の病気治療に置き換えると、CTやMRIなどによる治療前の検査にあたり、企業の再生を本格的に進める上では必須のステップといえる。

再生支援協議会が誕生したのは2003年（平成15年）のことで、産業活力再生特別措置法（産活法）に基づき全国47都道府県に設置されました。また、2007年には全国の協議会を統括する組織として中小企業再生支援全国本部が独立行政法人中小企業基盤整備機構（中小機構）の中に設けられ、広く連携を図りながら、活動を展開しています。

再生支援協議会の運営主体となるのは、国から委託を受けた各地の商工会議所や公益財団法人などになりますが、再生支援協議会の活動は中小企業庁の予算の下で行われていることから「国の中小企業支援事業」という位置づけであり、非常に公共性の高い取り組みになります。

産業再生機構と中小企業再生支援協議会の違いは？

再生支援協議会が発足した2003年は、ダイエーやカネボウなど大手企業の再生を手掛けた株式会社産業再生機構の活動期間（2003~2007年）と重なるため、「中小企業再生支援協議会は中小企業版の産業再生機構だ」と説明されることがあります。しかし、これは正確ではありません。たしかに、どちらの機関も国による産業再生支援事業を実施してはいるものの、その内容は大きく異なるのです。

それぞれの違いを一言で表現するなら、産業再生機構の支援方法は「銀行の不良債権処理の一手法である債権売却スキーム」の応用編です。具体的には、銀行から債権を買い取り、一定期間は自らが債権者として預かった上で（原則3年以内）、スポンサー企業を探し、引き渡すという手法です。ダイエーやカネボウが代表例でしょう。

それに対し再生支援協議会では、自らが債権を買い取るようなことはしません。あくまで、「債権者（金融機関）側にも債務者（企業）側にも立たない公正中立な第三者」という立場で、再生支援を行うのです。少しわかりにくいと思いますので、整理しておきましょう。

産業再生機構：再生する企業の債権者あるいは株主という立場で、主体的にスキームを進めていく。

中小企業再生支援協議会：債権者側でも債務者側でもない中立的な立場で、再生スキームが円滑に進められるように支援する。

つまり、再生支援協議会の場合は最初から最後まで当事者にはならず、一貫してサポート役、調整役に徹しているのです。別の言い方をすると、提案はするが、判断をするのは債権者と債務者、即ち当事者であり、再生支援協議会は責任を取らない（取れない）立場ということです。一見、無責任のようにも感じますが、だからこそ、「精一杯の誰にも負けない提案」をしたいと考えているのです。

再生支援協議会は国の中小企業支援施策を担う組織であり、企業からの相談を受けると、人間の病気を治すのと同じように診察・検査・治療のすべてを行いますが、調整役であることから、一方的に物事を進めることはありません。企業や金融機関と一体となって、納得するまで話し合い、関係者全員が納得する再生を目指す仕組みなのです。

中小企業の再生においては、この方が効果的なことから、年々、多くの相談を受けるようになっています。

「再生計画策定」の支援は4ステップで進められる

ここで、再生支援協議会が中小企業再生の支援を行うときの手順について、簡単に説明していきましょう。

ステップ1　相談（病気治療における診察・問診）

中小企業から連絡を受けた場合、最初に行うのは相談（ヒアリング）です。だいたい、

1時間半から2時間ほどの時間を設け、経営状況について詳しく伺うだけでなく、会社組織や事業に関する今後の見通しや考え方にも耳を傾けます。最終的には、そこが事業再生の目標になると思うからです。

ただし、「そうしたい」という願望があるだけでは解決しません。経営危機に陥った企業を再生させるのは簡単ではないのですから、その目標に向けての戦いを、経営者自身がどれだけの熱意や覚悟を持って取り組んでいけるのか、その意思を確認するのも、ヒアリングにおける重要なポイントです。

ステップ2　調査（病気治療における検査）

続いて、事業DDと財務DDを実施します。事業DDはその企業の事業継続性に関して調べるもので、事業自体の内容だけでなく、業界動向や同業他社との比較分析なども行いながら、収益構造の改善の可能性を探っていきます。一方、財務DDは、その企業の経営状況がいつから悪くなったのか、その原因は何か、どのくらい悪いのかといった点を詳しく調べていくものです。

どちらについても、私たち再生支援協議会のスタッフだけでなく、該当する業界や調査の専門家などに依頼し、正確な分析ができるようにしています。

ステップ3　計画づくり（病気治療における治療計画の作成）

続いては再生計画の策定に入ります。実際のプランニング作業を行うのは経営者自身ですが、その内容が債権者側（金融機関）に納得してもらえるものでなければ先には進めません。したがって、専門的なスタッフがさまざまなアドバイスを行いながら、着地点を見つけていきます。そのため、この段階では金融機関との全体ミーティングや個別の調整なども頻繁に行い、計画の内容を固めていきます。

この「調査結果の報告」と「計画づくり」という一連の過程を、金融機関とともに歩むことにより、金融機関にも事業に対する理解が深まり、この後の金融支援がスムーズにいくのです。

ステップ4　金融機関調整（病気治療における手術や投薬）

そのような過程を経て再生計画案をまとめ、債権者側との最終交渉に入っていきます。経営の健全化を確実にする抜本再生を目指すには金融機関に対して債権の放棄をお願いすることになりますから、当然、プランはすぐに認められるわけではありません。何度も何度も交渉を重ね、ときには予想もしなかった反撃などへも対応しながら、地道に調整を続けていくのです。

このように、たった4ステップしかない再生スキームであっても、最後のゴールを迎えるまでには、それなりに時間が掛かります。平均すると、最初に相談を受けてから再生スキームが完了するまでの期間は、だいたい1年ほどでしょうか。長いように感じるかもしれませんが、その間に経営者や従業員たちの意識改革なども行っていく必要があり、ある程度、時間を掛けることも大切なのです。

再生できる企業と、できない企業

もちろん、私たちもすべての中小企業を再生させられるわけではありません。それでは、「再生できる企業」と「再生できない企業」の違いはどこにあるのでしょうか。

第一条件　本業の健全性

再生できるかどうかの判断ポイントとなるのは、キャッシュフローベースの営業利益（営業キャッシュフロー）が出せるかどうかです。つまり、本業の健全性ですね。

たとえ、現状では事業が赤字体質になっていたとしても、金融機関に債権を放棄してもらい、無借金になれば上向くような企業であれば、十分に再生の可能性はありますが、残念ながら、そう判断できないケースもあります。

たとえば、仕入値よりも安く商品を販売しているような企業では、商売を続ければ続けるほど借金が増えてしまいますから、再生は難しいでしょう。これは極端な例ではなく、実際にけっこう多いのです。昔は優良企業であったにも関わらず、その後、事業の刷新を怠ったために売り上げが落ち、それでも会社を維持したいために個人の財産を継ぎ込み続けながら存続している企業は、少なくありません。

したがって、再生支援への第一条件は本業が順調であり、「借金さえなければ優良企業」という状況であることです。また、現状は営業利益を出せなくても、事業面や組織面の改革を進めることで改善できる見込みがあれば、再生の可能性は十分にあります。

第二条件　経営者の覚悟

再生できる企業の第二条件は経営者自身の覚悟です。特にオーナー一族が経営の中心になっている場合には、この点が非常に重要になってきます。ですから、最初のヒアリングでも、しつこいほどに「本気で再生する覚悟があるのか」と確認するのです。

これはあたりまえの話で、借金の返済が滞っているのに経営者やその家族たちが贅沢な生活を続けていたら、銀行もなかなか債権放棄などの支援に応じませんし、従業員の心も離れていきますから、その後の事業再生が困難になっていきます。つまり、本業の健全性が失われるのです。

再生計画の策定とは、企業側も金融機関側も血を流しながら事業や雇用を守る厳しい戦いなのですから、覚悟を持って取り組んでもらわなければ、私たちも本気で応援できません。

現実には、最初からそこまで高い意識を持っていない経営者も大勢います。だからといって見捨ててしまえば従業員たちは路頭に迷ってしまいますから、私たちもさまざまな方法を使って経営者の心を動かしていかなければなりません。

幸い、再生支援協議会には経験豊かなスタッフが大勢いますので、どんな経営者に対しても丁寧なコミュニケーションを取り、再生への意思を固めてくれるように説得していきます。そういう人間臭い部分も、私たちが得意とするところなのです。

だからこそ、再生がうまくいったときには、お互い、手を取り合って喜びますし、スキームを進行する上でさまざまな苦労をしてきた経営者の方々の晴れやかな顔を見るのが何よりも楽しみなのです。

再生を支援した企業とはその後もつきあいが続くことは多く、数年後に「おかげさまで、こんなに順調にいっています」と決算書を持ってきてくれると、本当にうれしい。再生支援協議会は公的な組織で、企業からも金融機関からも報酬はいただきません。その分、より純粋な気持ちで取り組み、一緒に喜ぶことができるのです。

助けるだけでなく中小企業を強くする再生支援

企業を再生するときには「財務」だけを見ていてはだめで、「事業」の再生も一緒に行わなければ意味がありません。なぜなら、会社が生き残れたとしても、事業の規模が大幅に縮小してしまえば、多くの従業員が職を失うことになるからです。また、不良債権を整理して財務上の不安を取り除いたとしても、事業が不健全であれば、すぐに経営は行き詰まり、再び経営破綻に至ってしまうでしょう。

したがって、中小企業の再生スキームにおいては、「財務の再生」と「事業の再生」を並行して進めることが重要です。この二つは車の両輪のような関係にあるのですから、どちらが欠けても、あるいは、どちらが遅れても、前に進むことはできません。

そんな考えから、再生支援協議会では事業DDにも力を入れ、「助けるだけでなく強くする」企業再生を心掛けてきました。そして、その成果は、「再生支援した企業のその後」に明確に表れています。

それを示す例として、東京都中小企業再生支援協議会による追跡調査の結果を紹介しましょう。対象としたのは、2003〜2006年（私が統括責任者だった時期）にかけて支援を行った69社で、10年後の経営状況をまとめてみました。

どの会社も相談に来られたときには非常に厳しい状況でしたが、再生に成功しただけでなく、約7割（71％）にあたる49社は、その後、順調な経営を続け、「債務超過の解消あるいは継続的な経常黒字」という状態にあることがわかりました。つまり、健全な企業として完全な回復を遂げたのです。

ちなみに、それ以外の約3割、20社に関してですが、残念ながら7社（全体の10・1％）は破綻してしまいました。13社（18・8％）はV字回復とはいかず、10年後も順調とはいえないものの何とか事業は続けており、それらを合わせると調査対象となった企業69社のうちの約9割は再生に成功しているということになります。

なお、私たちが「抜本再生」と呼ぶ「債権放棄などの支援を受けた企業」29社については、債務免除を受けなければならないくらいの重症患者だったのですが、10年後も全社が

2003〜2006年の再生支援企業の10年後の追跡調査結果

金融支援 ／ 現状経営状況	債権放棄など (注1)	リスケなど (注2)	その他	計
順調（①） （内、債務超過解消）	25 (23)	22 (14)	2 (2)	49 (39)
不安定（②）	4	9	0	13
破綻（③）	0	6	1	7
計（①〜③）	29	37	3	69

（2017年5〜8月時点の経営状況）

注1：債権放棄のほか、DES（債権の株式化）2件を含む。
注2：リスケ（返済条件の変更）のほか、DDS（債務の劣後化）9件を含む。

債権放棄等案件の事業承継類型別による経営状況

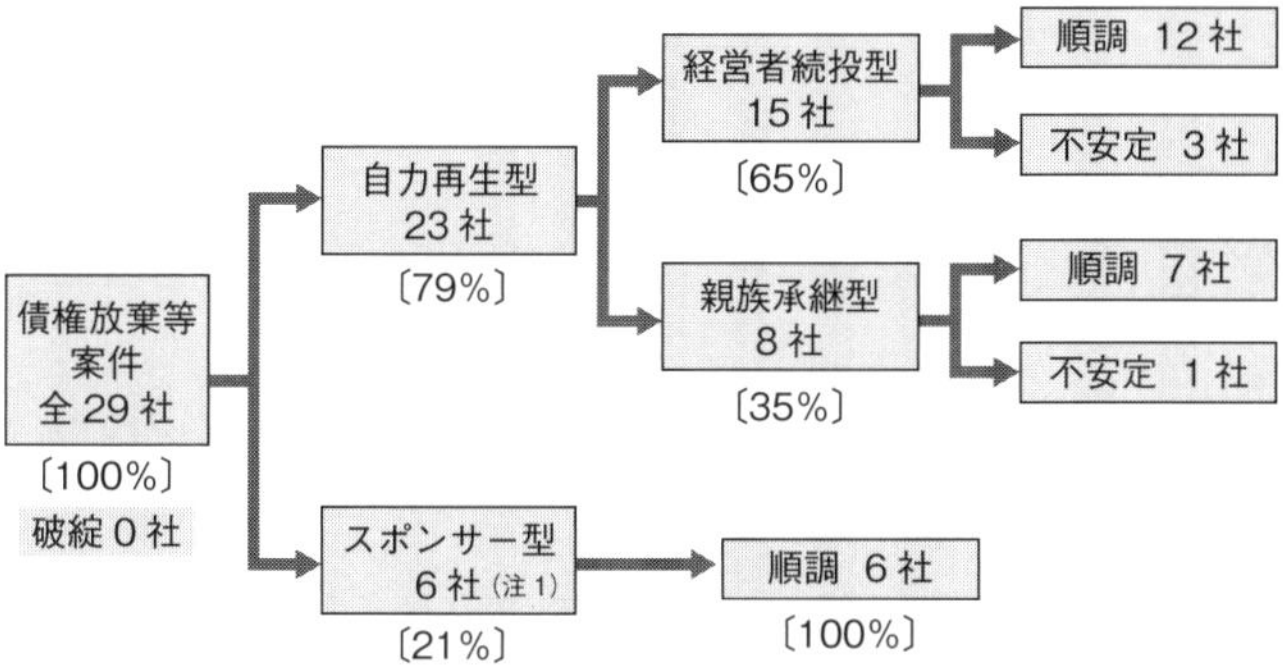

注1：スポンサー内訳
・上場企業関係4社　・優良中小企業1社　・投資ファンド1社

生き残っており、成功率は100％だということも併せて紹介しておきます。

中小企業の本質は家業

今回の調査で、もう一つ、見えてきたことがあります。それは、支援した69社の多くは経営者の顔ぶれが大きく変わることはなく、オーナー一族がそのままトップに就いているというケースがほとんどだったのです。数字でいうと、債権放棄による抜本再生が実現した29社において、約8割にあたる23社では10年後もオーナー一族が指揮を執っています。これは非常に重要なことです。

産業再生機構が手掛けてきたような大企業の再生スキームでは、典型的なゴールはスポンサー企業によるM&A（企業買収）であり、当然、経営陣は交代します。これらの場合は何千人もの社員の雇用を確保することが大前提ですし、また大企業も多いことから有効な解決方法だったと思います。

しかし、中小企業、しかも創業者の子孫がオーナー一族として経営を続けてきたケースでは、従業員との関係も家族のようなものですから、トップの交代はあまり望まれないのです。また、オーナー一族はその地で長く事業を続けてきたことから、「地元の名士」として地域社会とも密接なつながりがあり、それもビジネス上の強みになります。したがって、それを失ってまで、あえて交代させる必要はありません。

そんなこともあり、中小規模のオーナー企業では、経営者一族も従業員もできるだけそのままのかたちで残す「自力型の再生」を目指すのが理想だと思っています。大企業のように、外部の力に頼るだけが得策ではないのです。

ただし、私は無条件に「自力型の再生がいい」といっているわけではありません。これはあくまで理想のかたちです。少子化が進む現在では、オーナー一族にまったく後継者候補がいないケースもありますし、オーナー自身が将来を考えた結果、スポンサーを探すケースもあります。

つまり、再生の方法は一つではないのですが、大切なのは、関係者全員が納得すること。そのためにも、私たちのような調整役が必要なのです。

■中小企業経営の「総合病院」として

再生支援協議会とは中小企業にとっての「総合病院」のような存在だと思っています。人々が身体の不調を感じたらお医者さんにかかるのと同様、経営面に不安のある企業が訪れます。

大きな病院には内科や外科、眼科、皮膚科など、専門分野の異なる医師がいて、どんな症状にも対応してくれます。再生支援協議会も同じで、金融や財務、事業、法律などの専門家を揃え、「検査・診断・治療」を行うことで、健康な企業に回復させるのです。

医療の世界では「治療よりも予防」が重要になってきました。多くの人が健康診断を定期的に受けることで病気の予兆を早めに発見し、発症前に対策を講じておくのです。

企業再生の分野でも同じようなことができないかと考えています。大きな負債を抱え、事業の継続が困難になってから再生に取り組むのではなく、そうなる前に、いや平常時から定期的に財務や事業の診断を行い、アドバイスを受けるような社会の仕組みを構築することができれば、これは、日本の社会にとっても大きなメリットとなるはずです。

現在、再生支援を行った企業に対しては、できるだけ交流を続け、経営状況などを確認したいと思っています。第二章からは、そんな企業の中で特に印象の強かった5社について、再生スキームがどのように行われ、どんな結果になったのか、当事者の許可を得て、紹介したいと思います。社名は非公表としましたが、再生を考えている企業の関係者にとってはお役に立つような内容にしたつもりですので、ぜひ、ご参考にしてください。

第二章

再生ケーススタディ1

「決して諦めない」からチャンスがある

地獄に垂らされた一本の蜘蛛の糸

株式会社A寿司は大正時代に創業した、一世紀近い歴史を持つ老舗です。しかし、伝統だけに甘んじることなく積極的な事業拡大を続け、現在では全国に30店舗以上を展開するまでに成長しました。素材（ネタ）・人材（職人・接客係）・モノ（店舗など）への強いこだわりが顧客満足度の高さにつながっており、低価格を売りものにする多くの回転寿司チェーンとは一線を画す本格的な江戸前寿司店として安定した人気を誇っています。

今では誰もが優良企業だと認めるA寿司が、倒産・廃業を覚悟するほどの経営危機に陥ったのはバブルが崩壊してしばらくしてからのことでした。原因ははっきりしています。バブル期の過大な投資が大きな負債を生み、それによる金利と借入金返済の負担が経営を圧迫していたのです。

そんな状況に対し、経営者も手をこまねいていたわけではありません。２０００年ごろには弁護士に頼んで再建計画を策定し、融資をしていた金融機関も了承して経営健全化への取り組みが始まったのです。

ところが、事業計画の詰めが甘かったせいもあり、予定通りに実行することができず、最初は協力する姿勢を示していた金融機関も離反、結局、計画は頓挫してしまいました。その結果、メインバンクは不良債権処理の専門会社に管理を移管してしまい、サブバンクも株式会社整理回収機構（RCC）*に債権を譲渡するなど、状況はさらに悪化していたのです。

このような状態では新たな融資を受けるのは難しく、日々の仕入れも手元の現金をやりくりして行うしかありません。しかし潤沢とはいえないキャッシュフローにより限界は迫っており、再生支援協議会にご連絡をいただいたときには、まさにダウン寸前だったのです。

「のれん」を守りたいオーナー一族の決意

「A寿司の再生ができないか」

その話を持ち込んできたのはメインバンクでした。「A寿司」という名前を聞いたとき、少なからず、私は驚きました。

なぜかといいますと、このメインバンクとは、私が在籍していた銀行であり、話を持ち込んできた担当者は、以前、銀行で企業再生専任の審査役をしていたころの部下だったのです。そして、当時A

Keyword

株式会社整理回収機構（RCC）

バブル崩壊後に住宅金融専門会社（住専）問題の処理のために設立された、預金保険機構の100%出資会社の公的な金融機関。初代社長を元日弁連会長の中坊公平氏が務めたことでも有名。住専問題に目途が立つ中、破たん銀行の処理にも一定の役割を担うこととなり、さらには健全な銀行の不良債権を買い取るという機能も有するようになる。公的なサービサー（債権回収会社）のような機能を持った特殊銀行。

寿司についても、一時審査をしたことがありましたので、経営状況について多少は頭に入っていました。

それに加えて、当時、A寿司にはメインバンクからの出向者がおり、経理担当の常務として経営の建て直しを手伝っていたのですが、その出向者と銀行の担当者が相談したのでしょう。ぜひ私のいる再生支援協議会に相談に行くようにと、社長に進言してくれたそうです。

それまでは弁護士に任せて再建計画を進めようとしてきただけに、軸足を移すことに経営陣は思い悩んだようですが、再建を託していた弁護士を断り、ある意味、清水の舞台から飛び降りる覚悟で再生支援協議会の門を叩くことを決断したのです。そして、その決断が未来を拓きました。

最初の面談は2003年7月に行いました。来られたのは三代目の社長と、四代目を継ぐことになっていた息子さん（現社長）のお二人でした。

1時間半ほどのヒアリングを通して強く感じたのは、代々続く「のれん」を絶対に守りたいという親子の熱意です。もちろん、この場合の「のれんを守る」とは、単に店の名前を残すだけではなく、事業の継承を意味しています。したがって、「従業員の雇用の確保」

と「息子への後継」の2点が社長からの強い希望であり、「それを実現できるのであれば全財産を投げ出す覚悟はある」と明言されました。

加えて、社長は経営悪化の責任を取って第一線を退き、今後のことは、すべて四代目に任せるつもりだともおっしゃっています。そのときの「自分はまな板の上の鯉のつもりでいるから、藤原さんの自由に料理してください」という言葉はご本人の不退転の決意を表すものであり、強い姿勢に私たちも襟を正す思いでした。

再生の鍵となるのは「営業利益」

本気で会社を再生させたいというオーナー一族の熱い想いは確認できたものの、ヒアリングの内容と提出された資料をチェックしたところ、事態はかなり深刻であることがわかりました。バブル期の投資はあまりに重く、不動産の含み損は約32億円、その他不良資産は約10億円にも上ります。実質の債務超過額は50億円近くになる計算でした。年商40億円規模の企業にとっては致命的な数字です。

なぜ、こんなことになってしまったのでしょうか。原因は、投資計画があまりにも杜撰《ずさん》だったからです。たとえば、海外展開を企図してアメリカに進出したものの、うまくいかずに、すぐに撤退しています。その結果、せっかくのプロジェクトは何の利益も生まず、損失を出すだけに終わってしまったのです。

また、本業とはまったく関係のないオフィスビルの経営に乗り出して失敗したほか、流行していたとはいえゴルフ会員権などにも手を出したのは問題でした。当然、バブルが崩壊するとこれらすべてが無謀な投資となり、大きな債務超過を抱えることになってしまったのです。

もっとも、これはA寿司だけに限った話ではありません。バブル期には、かなり乱暴な投資計画であっても銀行は簡単にお金を貸してくれましたし、むしろ、そんな無謀な投資を煽っていたきらいもあります。つまり、A寿司だけが特別なわけではなく、程度の差はあれ、多くの企業で同じような状態となっていました。それだけに、経営者だけを責めるべきではないと思いますね。

続いて、過去20年間の決算書をもとに経営の実態を調べていったのですが、そうしているうちに、必ずしも悲観的な状況ばかりではないような気がしてきました。なぜなら、本業である寿司店の事業は安定しており、毎年確実に営業利益をあげていたからです。したがって、負債さえ順当に処理すれば再生はできると確信しました。
それでも手放しには喜べません。直近の売上推移を見ると、残念ながら、年々、右肩下がりで落ちてきており、これをV字回復させるには、今後に向けてのしっかりした事業計画が必要でしょう。そのためには、経営者には、やってもらわなければならないことがたくさんあります。

一時停止通知と個別支援チームの結成

検討の結果、正式に支援することが決まると、最初に行わなければならないのが一時停止の通知です。これは私的整理ガイドライン*に基づく手続きで、要するに「再生支援協議会がA寿司の再生を全面的に支援することになったので、今後の交渉は私たちを交えて行うようにしてください」と宣言するのです。

Keyword

私的整理ガイドライン

バブル崩壊に伴う金融機関の不良債権処理と産業の再建を一体的に解決することを目指し、金融界・財界・行政機関などが2001年9月にまとめ上げた「紳士協定」。裁判所による法的手続きによる企業再建ではなく、民間の自主ルールに基づいて行う企業再建手続きであり、当時としては画期的な出来事。簡単にまとめると、仕入れ先などを巻き込まずに金融機関だけで債権放棄を行い企業を健全化させるという、企業にとっては極めて有難いルールだが、当然のことながら一定の制限、相応の厳しい基準がある。

こうすることによって、金融機関は債権回収や債権保全などの勝手な行動に出られなくなるので、すごい効果があります。これが、私的整理ガイドラインの力なのです。A寿司のケースでは、相談を受けてから約1か月後の8月末にこの手続きを行いました。

それと並行して、A寿司の案件に「公正中立な立場」から取り組む個別支援プロジェクトチームを立ち上げます。このときは統括プロジェクトマネジャーである私を中心に、サブマネージャーである公認会計士、中小企業診断士、弁護士などを集めました。以降、これらのメンバーにより再生計画づくりに必要な事業DDと財務DDを進めていきます。企業の事業面、財務面の問題点の抽出や分析を行うのです。

なお、個別支援チームに入ってもらった弁護士は、A寿司が再建を託した弁護士とは別の人です。それは、再生支援協議会は公正中立な立場で支援する組織であるため、会社と利害関係がある専門家には頼まないという基本ルールがあるからなのです。もちろん、これは金融機関に対しても同じであり、メインバンクの顧問弁護士や関係の深い人に頼むようなこともありません。

この段階で描いたイメージでは、次の3点さえ実現すれば抜本的な再生は可能だと考えていました。

①事業面の見直しによる収益の向上
②金融機関の債権放棄による負債の圧縮
③遊休資産（主に不動産）の処分

実際、事業DDの結果は想定の範囲内であり、財務DDからも過去20年間にわたって安定して営業利益を計上していたことが確認できたので、A寿司の事業価値は十分にあります。したがって、事業用以外の資産の処分による本業への集約（選択と集中）と、金融機関の協力（債権放棄）があれば再生計画は成り立つのです。

あとは、A寿司側の自助努力をどこまで求めるかに絞られました。

先ほどの再生への3条件のうち、「③遊休資産（主に不動産）の処分」については、金利負担も大きいことから、順次売却し、銀行に返済していくことにしました。もちろん、銀行の担保に入っているので、銀行側の了解を得た上で処分します。

残りの2条件のうち、「①事業面の見直しによる収益の向上」は簡単ではありません。

すべての店舗の詳細な経営状態の分析と収益改善の可能性を検討しなければならないので、個別支援チームが協力しながら、作業はA寿司の経営陣に進めてもらいました。その内容がある程度固まれば、後は金融機関への債権放棄の要請に移ります。ここは再生支援協議会というより、まさに私の役目ですね。厳しい交渉になるかもしれませんが、確信とまでは言い切れないものの、それまでの経験から、ある程度の自信はありました。

■改めて知った商工会議所の力

一時停止の通知をした後は、できるだけ早い時期に債権者集会（バンクミーティング）を開きます。再生に向けての方針を説明し、協力を要請するためですね。

今回、対象となる債権者は銀行などの金融機関だけでしたから、すべての融資元にFAXを送信し、出席をお願いしました。幸い、1行も欠けることなく参加してくれることになり、1週間程度で1回目のミーティングが行われたのです。

良くも悪くもプライドの高い銀行が、FAX1本送りつけたくらいで、ちゃんと集まってくれるのは、再生支援協議会への信頼があるからでしょう。そのときには、まだ、これといった実績はなかったものの、私たちが「私的整理ガイドライン」という、金融機関であれば了解しているオフィシャルな手続きを進める機関であるという安心感と、東京商工会議所の名前で通知したことによる信用は大きかったと思われます。

このとき、改めて東京商工会議所という看板のありがたみを感じましたね。商工会議所とは、簡単にいえば地域の財界であり、そこにある金融機関のトップもみんな参加している組織なのですから、無碍《むげ》にはできません。銀行員たちも、自然に紳士として対応することになり、商工会議所と一体となって活動する再生支援協議会もその恩恵を受けます。

先に書いたように、私は若いころ、在籍していた銀行から出向するかたちで東京商工会議所に派遣され、5年間、仕事をしてきました。そのときにも、商工会議所という組織の重要性と存在意義を強く意識しましたが、それを再認識した次第です。

罵声に負ける経営者では再生を乗り越えられない

話を戻しましょう。債権者集会では、次の点を確認します。

□一時停止通知の追認、具体的には債権の回収行為や保全行為の禁止などに関する承認

□支援チームのメンバーである公認会計士、中小企業診断士、弁護士などの承認（再生支援協議会が、利害関係のない専門家として推薦し、個別支援チームを組成する。その専門家で良いのかについて、金融機関の承認を受ける）

□今後のスケジュールの承認

これらについては特に反対の声はなく、どの参加者もA寿司の再生には賛成しているようでした。ところが、その後の会議の様子は、かなり激しいものになっていきます。金融機関側による経営者への責任追及が始まり、罵声まで飛び交う現場は見ていられないほどでした。社長たちにとっては、まさに針のむしろだったと思います。それでも、じっと耐えるしかありません。

銀行側がどうしてここまで攻撃的になるのか、不思議に思う人がいるかもしれませんが、これは、仕方ない部分もあります。なぜなら、彼らの立場に立てば、「せっかく融資してあげたのに経営者の能力不足のせいで事業が失敗し、返済できなくなった」となるからです。この場合、銀行が積極的に融資を勧めたかどうかは関係ありません。最終的に決断したのは経営者自身なのですから、当然、責任は追及されます。

残念ながら、再生支援協議会は債権者と債務者の間に立つ公正中立な立場ですので、このような場において、どちらかの肩を持つわけにいきません。経営者が一方的に攻撃されているのを眺めているしかないのです。

個人的な見解を述べるなら、このような展開はけっして悪いことばかりではないように思いますね。なぜなら、その後、再生に向けて具体的な動きが始まりますと、このとき以上の苦労や屈辱を経験することはよくあります。それこそ、地べたを這いつくばらなければならないような厳しい状況に陥るかもしれないのですから、言葉で責められるくらいのことに耐えられないようでは、先に進むことはできないかもしれません。

一筋縄ではいかない金融機関との交渉

最初は一斉に経営者批判をしている金融機関ですが、やがて、彼らの足並みは必ずしも一致しているわけではないとわかってきます。そこで浮き彫りになってきたのは、「メインバンク 対 その他の金融機関」という図式でした。

サブバンク以下の金融機関は「これほどの債務超過かつ過剰債務を抱える企業となってしまった責任はメインバンクにある」と主張し、責任のあるメインバンクが、より多くの負担を引き受けるべきだと主張し始めます。これがいわゆる「メイン寄せ」で、企業の再生においては、よく見られる展開です。

もちろん、メインバンクとしてはそれを認めるわけにはいかず、反論するうちにやりとりはどんどん激しくなっていきます。そこでも罵声が飛び交うようになると、そんな様子を見ていた社長は会議の後に、思わず「銀行があそこまで喧嘩してしまうのであれば、再生はダメかもしれませんね」とため息をつくほどでした。たしかに、金融機関がまとまらなければ再生スキームは先に進めないのですから、心配する気持ちはよくわかります。

しかし、このとき私は、それほど悲観的ではありませんでした。むしろ、楽観的な気持ちが強くなっていたほどです。

実をいえば、この手の会議で一番いけないのは、参加者たちが何も発言しないケースです。それではお互いの手の内がわからず、みんなが疑心暗鬼になってしまうからです。

ところが、どんな汚い言葉やとんちんかんな内容であったとしても、口に出して主張するというのは、そこに、前に進む気持ちがあるからです。今の状況を変えたいと思うからこそ行動に出るのであって、心配には及びません。ですから、社長には「逆ですよ。あれだけ発言してくれれば、うまくまとまると思いますよ」と伝えて、安心させました。

その後、金融機関とのミーティングは何度も行われ、そこで話し合われた内容を反映させながら、再生計画をまとめていきます。ただし、そのためには会議後のフォローが重要です。

債権者のうち、ＲＣＣは最初から私たちの提案する「債権放棄を伴う抜本再生スキーム」には賛成してくれており、ずっと最高の応援団でした。しかし、他の金融機関との溝はなかなか埋まりません。

バンクミーティングというのはおもしろいもので、融資した金額はメインバンクが一番多いのですから、本来はもっとも発言権が強いはずなのです。しかし、実際には人数の多い方がムード的に有利ですから、頭数の多い反対派が一体となってメインバンクを攻め立てるという構図は変わりません。そんな展開が続くうちに、メインバンク側も徐々に態度を硬化させていきます。そして、最後にはとうとう「金融団としてまとまれないのであれば私的再生をあきらめて法的整理に移行する（民事再生を申し立てる）」と、再生支援協議会による私的再生の断念を示唆する発言まで飛び出しました。

このようなやり取りは想定内ではありましたが、少々こじれてしまった感じも受けたため、私が個別に金融機関を訪問して丁寧な説得交渉を行うことで、何とか先に進めることができました。

■再生中に起きた大事件

個別交渉を続けていった結果、概ねすべての金融機関の賛成が得られる見通しが立ちました。そうなれば、後は必要な書類を整え、形式的な仕上げに向かっていけます。私たちはようやく胸をなで下ろしました。

ところが、そんなときに大事件が起きます。A寿司が4店舗を営業していた、ある駅ビルの運営会社が新たなテナント戦略を展開することになり、既存店はすべて撤退してほしいと、突然、通告してきたのです。

大きなターミナル駅の上にあるビルは地の利がいいこともあって、どこも集客力があります。少しぐらい賃料が高くても十分に収益があげられるだけに、テナントにとっては大きな魅力でした。しかも、A寿司の場合は多店舗展開を始めた1980年代から積極的にこの会社の駅ビルに出店していたことから、もし、すべて閉店することになったら、再生どころか確実に倒産に追い込まれます。

まさに、最悪のピンチです。しかしこの危機に憤然と立ち上がったのが、新社長となる四代目でした。まだ若いのに捨て身で駅ビルの運営会社に乗り込み、テナント戦略の推進者である役員との交渉を始めたのです。最後は先方の社長にまで直談判したようで、その行動力には感心しましたね。

A寿司側の反発はもっともです。駅ビルにあるどの店舗も確実に利益をあげており、賃料の遅延もまったくなかったのですから、一方的に撤退を命じられる理由はありません。それでも、テナントを一新したい考えの先方はなかなか聞く耳を持たず、とうとうA寿司側は訴訟も辞さない覚悟で交渉に出たのですが、相手の方が上手で、逆にやり返されてしまい、引き下がったという激しい経緯もありました。

どうしてそこまで揉めたのかといいますと、駅ビル側としては、常々、もっと若い客層を取り込みたいと考えており、「寿司店のような年配者向けの店舗はできるだけ減らすべきだ」という結論に至ったようです。たしかに、職人が目の前で握る寿司屋は回転寿司と違って敷居が高そうで、若い人、特に女性にとっては入りづらい一面がありました。

しかし、これに対して四代目は、一つひとつ例証を挙げて反論していきます。たとえば、これまでもメニューやサービスの開発を怠らず、新しい客層を取り込む努力を続けてきたこと。さらに、寿司は若い人にも好まれる食べものであり、事実、A寿司の各店舗の客層を調べてみても、幅広い年代に分布していることを説明していったのです。

追い返されても、追い返されても食らいついてくる四代目の迫力に、先方も少しずつ態度を軟化していきます。営業を継続できる希望が生まれたのです。

ところが、駅ビル側もすでに新しいテナント戦略を展開し始めている以上、全店舗がそのままというわけにはいきません。もっとも大きな駅にある基幹ビルだけは全面リニューアルの計画があるため、A寿司が残るわけにはいかなかったのですが、それでも、他の3店舗は守れたのです。有力店を一つ失うことになったものの、最悪の事態は免れました。

仕入れ価格の引き下げで採算性を向上

四代目のがんばりにより、再生中の倒産という悲惨な事態にはならずに済みそうです。しかし、まだ前途多難であることはまちがいありません。

何しろ、A寿司全店舗の中でも、もっとも大きな利益をあげていた店が失われるのです。そうなると、それまで作成してきた事業計画は根本から崩れるのですから、いったん白紙に戻さなければなりません。金融機関に説明してきた時間もすべて無駄になってしまったのですから、振り出しどころか、事業DDの前まで戻されてしまった感じです。

このときは、さすがの私も少し弱気になってしまいましたね。思わず社長に、「このままではまとめられず、民事再生となってしまうかもしれません」とつぶやいてしまったほどです。

しかし、すぐに考えを改めました。そうです、ここで立ち止まっているわけにはいかないのです。何とか打開策を見つけなければいけません。

そこで私は、それまでもっとも協力的だったRCCに事情を話し、今後の対応を相談することにしました。すると、返ってきた答えは意外なものだったのです。

RCCの担当者は、まず、これまでの計画に関して「甘すぎるのではないかと思っていた」と本音を伝えてきました。そして、このままでは再生に時間が掛かりすぎるので、スピードを上げるためにアクセルを踏む必要があること、そのためには事業の採算性をもっと高める努力をすべきだというのです。具体的には、仕入れ面を改善すれば何とかなるのではないかとアドバイスされました。

正直、私はそこまで深くA寿司の経営方針に踏み込むつもりはなかったので、その発想に驚きます。名案であるのはたしかなので、できれば実行したいものの、社長たちにどう伝えればいいのかわからず、考え込んでしまいました。すると、RCCの担当者は「私から話しましょう」といってくれ、道が拓けたのです。

同時に、その人が持っている再生への熱意というか、こだわりに感心しましたね。そして、こんなに力強い応援団がいるのだから、A寿司の再生は絶対に成功させなくてはいけないと、決意を新たにしたのです。

約束通り、RCCの担当者は四代目に仕入れ面の改善を進言してくれました。そのとき、「あきらめるな」とのメッセージも伝えてくれたそうで、彼はよほどうれしかったのか、後に「あの一言は、地獄に垂らされた一本の蜘蛛の糸だった」と話してくれたほどです。

アドバイスを受け、覚悟を決めて進めたのが、仕入れ価格の引き下げでした。長年、つきあいのある取引先に対し、再生期間中は3〜5％の値下げをお願いしたのです。

もちろん、こんな要求がすぐに通るわけはありません。仕入れ先にとっても経営上のリスクになりかねないのですから、「話にならない」と席を立たれてしまってもおかしくなかったのです。

しかし、三代目も四代目も誠心誠意、今の立場を説明します。仕入れの減額は金融機関が債権放棄に応じるための必須条件であること、そして、債権放棄が実現しなければ倒産は必至であり、そうなれば今後の取り引きができなくなることをわかってもらい、なんとか支援を引き受けてもらったのです。

仕入れ先の協力が得られたことで、事業計画の再策定もようやく進みます。交渉を重ねた結果、すべての金融機関が債権放棄に同意してくれることになり、再生スキームはゴールに向けて一気に進むことになりました。

新たな資金ニーズにどう対応するか

債権放棄は抜本再生をしていく上で大きな切り札ですが、一方で諸刃の剣のようにマイナス面もあります。それは、新たな資金調達の足枷になることです。

企業が事業を続ける限り、常に資金ニーズは発生します。通常であれば取引金融機関に融資を申し込めばいいのでしょうが、「債権放棄をしてくれ（借金を帳消しにしてくれ）」と申し入れている一方で、新規貸出に応じてくれるケースは極めて稀です。したがって、他のどこからか資金を調達してこなければ、再生計画の実現すら困難なのです。A寿司のケースでいえば、採算性を高めるための店舗の改装や新規出店に必要な資金は確保しなければなりません。

「再生中に新規出店？」と不思議に思うかもしれませんが、駅ビルの都合で既存店を失ったことが事業再生上の大きなブレーキになったのですから、新たな有力店を誕生させることができれば再生を加速させられます。

A寿司の場合も、そんなチャンスが巡ってきました。実際には債権放棄が決まった直後のことだったのですが、日本でもっとも集客力のあるテーマパークに隣接して建てられた大型ショッピングモールから、出店しないかという話が来たのです。しかも、和食店は他になく、撤退した和食店の設備をそのまま使えるという好条件でした。ショッピングモールの担当者は、いろいろな外食チェーンを検討した結果、A寿司なら客層に応じた対応が可能だと考え、白羽の矢を立てたのです。

なんとか再生の見通しは立ったもののまだ苦しい経営が続くA寿司にとっては、渡りに船のビッグチャンスでした。さっそく、四代目はテーマパークの客層に合った出店プランを考え、準備を進めたのです。

ところが、この計画をメインバンクに相談したところ、反応は非常に厳しいものでした。資金を貸してくれないだけでなく、「この時期に新店舗だなんてとんでもない」と、真っ向から反対してきたのです。もちろん、すんなり融資に応じてくれるとは思っていなかったので、「必要な設備はリースで賄うので金額はぎりぎりまで抑えられる」と主張しても、態度はまったく変わりません。

もっとも、メインバンクの担当者は、そのショッピングモールまでわざわざ足を運び、四代目の出した計画通り来客が望めるか、現地調査までしてくれたのですから、心情的には応援したい気持ちがあったのかもしれません。それでも、銀行のルールとして、こういう話には応じられなかったのでしょう。

最終的には、「もしこの新規出店に失敗したら、会社を手放すことを約束する」という書面に経営陣が約束することで、なんとか出店に漕ぎ着けました。このとき、社長だけでなく番頭格の常務取締役の署名も求められたのですが、その人は「失敗したら、ゼロから出直しましょう」といって、なんの躊躇もなくサインし、実印を押してくれたそうで、オーナー家が代々のれんを受け継ぎ、従業員とのいい関係を保ってきた老舗ならではの美談ではないでしょうか。

ちなみに、その新店舗は開店当初から多くのお客様を集め、今やA寿司の中でも稼ぎ頭になっています。四代目が工夫を凝らし、広い層に喜ばれるようなメニューを揃えたことが大きく、そういう点を見ても、経営センスのある新社長だと思いましたね。

その他、既存店をリニューアルしていくための資金については、それまで取り引きのなかった金融機関に相談に行き、再生中の企業ではあるが、事業面では安定していることや、債務免除が受けられる見通しであることなどを再生支援協議会が説明することで安心してもらい、新規融資を受けることができたのです。

それでも、債権放棄と新規借入を同時に進める難しさについて身をもって知ることになり、その後の企業再生にはいい教訓になりました。

スキーム完了後も続く「再生」

A寿司の再生は再生支援協議会にとって初期の案件であったため、私たちにも学ぶ点がたくさんありました。その一つが事業計画の大切さです。いくら借金をカットしてもらったとしても、事業内容が改善されていなければ業績は回復しません。その結果、再び同じ過ちを繰り返して窮境に陥ってしまったら、再生した意味がありません。

このような二次破綻を確実に防ぐには、綿密な事業DDを経て事業再生計画を立てていくだけでは不十分です。計画通り順調に業績が推移しているか、再生スキームが完了した後も、引き続きモニタリングしていく必要があるのです。

A寿司の場合は、2005年に新社長となった四代目が、正月明けになるといつも経理部長を伴って私のところに業績報告に来てくれます。このため、毎回、詳細な経過観察を続けられており、安心していられますね。

その後の経緯です。A寿司は順調に業績を伸ばしており、再出発から10年目には創業90周年を迎えました。それを記念して、再生への取り組みをまとめた本まで出版したほどで、スキームが進行中の辛い日々や心情まですべて吐露しており、社長の正直な人間性を改めて感じましたね。同時に、あのころの苦労を客観的に語れるようになったのは完全に復活を遂げた証拠でもあり、そういう点でもほっとしました。

業績があまりに好調なことから、「同業の会社のスポンサーになってほしい」といったM&Aの打診もあったほどです。このとき、私も相談を受けたのですが、時期尚早であり、もう少し体力をつけてから考えた方がいいとアドバイスしました。

また、ある銀行からは「株式の上場を考えないか」と誘いを受けたそうですが、やはり相談を受けた私が「上場によって調達した資金で何をしたいの？」と尋ねたところ、四代目はすぐにこう答えました。

「会社の規模としては、全社員と直接、対話できる今くらいの規模がいいので、店舗を急激に増やす気はない。それよりも、今は従業員への待遇改善や経営体質の強化の方が大事であり、当面は量より質の方針でいきたい」

その結果、上場の話はなくなったのですが、私はこの言葉を聞きながら、「ずいぶんしっかりした経営者になったなあ」と感心したことを覚えています。

企業再生のゴールは、一連の再生スキームが終わった時点ではありません。その会社が安定した経営を続け、従業員の雇用を守り、そして社会へも貢献できる存在であり続けることが目標であり、そういう意味では真のゴールはないのです。したがって、私自身は、担当した企業と一生つきあっていく覚悟でいます。

再生支援企業再訪記

職人の育成や新業態への挑戦が再生後の成長につながっています

A寿司は、私が再生支援協議会に来て最初のころに担当した企業だけに、強い想い入れがありますね。しかも、再生スキームが進行している間にもいろいろなことがあり、まるでジェットコースターに乗っているように上昇と下降を繰り返したものですから、そういう意味でも、大変、印象深い案件でした。

しかし、再生後は新社長となった四代目の経営手腕もあり、優良企業として業績を伸ばし続けています。もともと、寿司店としては評判が高かったのですが、客層を広げるためにメニューやサービスの開発を怠らない姿勢が、成長につながっているのではないでしょうか。

本文中にも書きましたように、四代目は今でも年に1回、経営状況を報告するために1

年間の通信簿を持参して、私のもとを訪ねてきてくれます。それにより、再生後の経過を詳しく知ることができるだけでなく、定期的にお目にかかれることが楽しみですね。再生に向けて一緒にがんばってきた仲間なのですから、こういった関係がずっと続くことを願っています。

今回、A寿司の再生の話を書くにあたり、改めてお話を伺ってみました。

藤原　どのお店も順調なようで、何よりです。

社長　ありがとうございます。幸い、お客様には恵まれており、また多くの仕入れ先にも支えていただくことで、営業を続けさせていただいています。

藤原　ところで、四代目はご長男ではなかったですよね。どうして会社を継がれることになったのですか？

社長　うちは4人兄弟で私は末っ子でした。しかし、兄や姉に寿司店を経営したいという気持ちはあまり感じられず、なんとなく私が継げばいいといった雰囲気になっていたのです。父も「資産は全員で分けても経営は1人に任せる」という方針だったので、分家する気はまったくありませんでした。従業員たちのことを考えれば、これは正しい決断だったと思います。

藤原　三代目のお父様が店舗を増やしていったことで、今のA寿司の基礎が築かれたのですね。

社長　初代と二代目は職人気質だったので、自分の店で寿司を握っていればいいというタイプでした。しかし、父は経営者として会社を大きくしていきたいと考え、出店を続けたことで今のようになっていったのです。

藤原　拡大戦略が成功したということですね。

社長　大型店舗を出したときには運営がうまくいかず、撤退を経験しているのですが、そういった失敗を経て適正な店の条件がわかるようになり、大半の店舗ではうまくいっていたように聞いています。

藤原　それだけに、バブル期の過剰な投資が痛かったですね。もっとも、あのころは、どの金融機関でもさまざまな理由を付けてお金を貸そうとしましたから、経営者だけを責めるのはまちがいだと思っています。

社長　そうだとしても、まったく経験のない賃貸ビルの経営にまで乗り出そうとしたのは問題だったと思います。うちくらいの規模の会社であれば、やはり、本業に専念すべきなのです。

留学から帰国して知った会社の実状

藤原　多額の借入をしていたことは、いつ聞かされたのですか？

社長　そのころは大学生でしたので、会社のことはまったく知りません。卒業する直前にバブルが弾けたのですが、特に就職状況が悪くなるということもなかったので、その後、起きるさまざまな経営問題については想像もできませんでした。

藤原　大学卒業後はどうされたのですか？

社長　跡取りだったので普通ならどこかの料理屋や外食企業で修業を積むのでしょうが、私の場合はフードビジネスについて理論的に学ぼうと考え、そういう講座のあるアメリカの大学に3年ほど通いました。英語が大嫌いだったのに、日本にはこの分野を専門的に学べる学校がなかったので、初めて本気になって勉強し、渡米したのです。

藤原　向こうでの勉強は役に立ちましたか？

社長　アメリカの学問は実用的で、たとえば、新しくホテルの開業を想定したフィジビリティスタディ（FS）の実習など、経営者になる上で必要な知識を多く学べました。さすがに寿司店の経営方法までは教えてくれませんでしたが（笑）。フードビジネスを成功させるための戦略や計画づくりなど、今でも非常に役に立っています。

藤原　そして帰国され、A寿司の経営に参画していくのですね。

社長　不幸なことに、専門的に勉強したことで経営に関する知識も身についていましたから、初めて財務諸表を見せてもらったときには、あまりの状況の悪さに、頭の中が真っ白になってしまいましたね。どう考えても自力で返せる借入金の額ではなく、このままだと潰れるしかないと思ったのです。

協議会のおかげで銀行がまとまった

藤原　それで弁護士に相談したのですか。

社長　大御所の先生にお世話になっていたのでいろいろ指導を受けたのですが、なかなかうまくいかず、途方に暮れていました。そんなとき、常務として出向してきてもらっていたメインバンクの方から、再生支援協議会に相談してはどうかとアドバイスされたのです。

藤原　初めて聞く名前でしたか？

社長　そうですね。ただ、その方によると、ここにお願いしてうまくいけば、借金の何割かはなくしてくれるかもしれないといった話だったので、私たちとしては藁をも掴む思いで相談に伺ったのです。

藤原　私にとっても協議会で仕事を始めたばかりのころだったので、まだ手探りの状態でした。そこで、最初に経営状況を確認したところ、借入金があまりに多かったので、正直、かなり厳しいのではないかと思いましたね。しかし、本業である寿司店の経営は順調だったので、事業計画を見直し、運転資金さえ確保できれば何とかなるのではないかと考え直しました。その後の展開は、ご存じの通りです。

社長　一連の再生スキームを通して、もっとも苦労したのは金融機関との交渉でした。彼らは私たちを責めることしかせず、事業計画を何度出しても、厳しい評価しか返ってこない。とにかく荒海の中を泳ぎ続ける感じで、藤原さんの豪腕がなければ絶対にまとまらなかったと、今でも思っています。

藤原　いや、再生の主役はあくまで経営者と金融機関ですから。しかも、駅ビルからの撤退を免れたのは、あなたの豪腕のおかげでしょう?

社長　そんな立派なものではなく、あのときは「店がなくなったら潰れる」との想いで必死になって食らいついていっただけです。最後は向こうが根負けした感じでした。

藤原　新しいショッピングモールに店を出さないかといわれたときも大変でしたね。銀行は大反対でしたから。

社長　途中からは独断で出店計画を進めていきましたからね。その結果、もし店が失敗したら会社を手放すという条件でなんとか認めてもらいました。

藤原　まさに不退転の覚悟でしたね。

社長　あそこまで突っ張ったのは、あのタイミングで出店の誘いがあったのは「神のご褒美」だと思ったからです。会社を再生させるためには、絶対に手放してはいけないと考えました。

藤原　その結果、開店直後から多くのお客様があったのですから、判断は正しかったことが証明されました。

社長　もちろん、いろいろな仕掛けはしました。テーマパークの隣接施設なので客層が若く、女性も多かったのと、ビルの4階まで来てもらわなければいけなかったので、開店当初は全品180円セールを行い、とにかく足を運んでもらうようにしたのです。それで認知度が高まったものですから、その後は女性やファミリー向けのメニューを増やすことで安定的にお客様に来ていただけるようになりました。

再生で学べることもたくさんある

藤原　再生後も次々と新しいことに挑戦されているようですね。

社長　会社が成長していくには人材の育成が重要だと考え、寿司大学という新入社員の育成機関を設けました。体系的に研修させていくことで、それまで3年掛かっていた修業を3か月で終えられるようになったのです。

藤原　職人がお客様の目の前で握る寿司屋という方針を守っていくには、いい人材が欠かせませんからね。

社長　調理や仕入れだけでなく、サービスへの意識も高くなれば、どの店舗でも高い品質が保てます。

藤原　一方で、店舗のスタイルもかなり多様化してきましたね。

社長　食への意識の高いお客様が多い街に出店することになったので、無農薬、無肥料の自然栽培米にこだわった寿司店を開業しました。最初はコストが高くなることに不安があったものの、今では常連になってくださるお客様も増え、立地に合わせたコンセプトはまちがっていなかったと安堵しています。

藤原　それはおめでとうございます。再生した企業が成功していくことは、私にとって最大の喜びです。

社長　再生スキームに携わったことで、私も多くのことを学びました。たとえば、改善を行うときにも、その規模とコストをちゃんと整理して計画しなければなりません。私たちの会社でいえば、新メニューの投入はもっともコストが掛からず、その分、効果も小さいのですが、店舗の改修や新業態店舗の開業となると、コストが増える分、リターンもリスクも大きくなります。そういったことをしっかり見極め、どのタイミングでどのレベルの改善を進めるのか、経営者にとってはその判断が大切なのです。

藤原　再生は経営者にとって究極の体験ですから、それを通して学べることも多いのかもしれませんね。実際、新たに生まれ変わったことで、以前よりも事業が成長していくことはよくあり、私たちとしても、そういう再生を目指していきたいと思っています。

A寿司は今ではすっかり優良企業に生まれ変わり、まわりからもうらやましがられるほど。そうなったのは、再生に向けて苦労しているときにも、経営者が希望を失わず、常に前向きでいたからです。

立派な社長になられた四代目は、いつも会社の将来を考え、的確な戦略を展開していきます。新しく定めた会社の理念には、飲食店の基本である味やサービスへのこだわりが明確に記されており、その軸がブレない限り、今後も成長していけると信じています。

第三章

再生ケーススタディ2

ひたむきな心が引き寄せた「奇跡」

巡り巡ったふしぎな事業承継

紳士・婦人服の製造を行っている株式会社B社も、大正時代に東京の神田で開業した歴史ある企業です。現在の主力商品はオーダーメイドのスーツで、宮城県と中国の北京に製造拠点を持ち、業界でも屈指の生産力を誇っています。

従来、B社のようなアパレルメーカーの多くは、自社で販売せず、百貨店や総合スーパー*、専門小売店などを通して商品を供給してきました。手間の掛かるユーザー対応は販売店に任せ、自分たちは生産に徹していた方が効率的に収益をあげられたからです。

ところが、バブル崩壊により消費者動向にも変化が生じると、このようなビジネスモデルが、徐々に通じなくなってきました。百貨店やショッピングセンターといった「箱」さえ用意すれば集客できた時代は終わり、新たな戦略を打ち出せない小売店は経営が苦しくなっていきます。そのピークが2000~2003年で、長崎屋やマイカルなどの総合スーパーだけでなく、そごうのような大手百貨店までもが相次いで破たんしてしまったのです。

Keyword

総合スーパー

一般的なスーパーマーケットとは異なり、食料品や日用品に加えて衣料品や家電、家具など多様な商品を総合的に販売する大型店を主力とするゼネラル・マーチャンダイズ・ストアのこと。店舗内にテナントが入り、ショッピングセンター(SC)を形成していることも多い。

B社もその影響を大きく受けました。大口取引先が会社更生法や民事再生法を申請したことで売掛金が焦げ付いてしまっただけでなく、販路を失い、今後の売上も期待できない状態になってしまったのです。このままでは、連鎖倒産してしまうかもしれません。

苦境に陥ったB社に対し、融資を行ってきた金融機関は支援の姿勢を示し、借入金の返済条件を緩和してくれました。それにより、なんとか事業（製造）だけは継続できたものの、B社自身もバブル期に過大投資したツケで過剰債務状態になっていたことから、経営はずっと火の車です。そして、ついには仕入れ代金の支払いも遅れがちになり、税金や社会保険料まで滞納するようになってしまいました。

製造の中国シフトを成功させた新社長

そんなB社から正式に相談を受けたのは2006年3月のことです。経営を引き継いだばかりの若い社長を中心に、父親である会長、番頭格の専務と常務取締役が揃ってお見えになりました。

再生支援協議会に行くよう背中を押したのはメインバンクだった金融機関の支店長で、「事業性は十分にあり、過剰債務の圧縮だけが経営課題なのだから、再生の意思があるなら、ぜひ相談すべきだ」と親身になってアドバイスしてくれたそうです。

たしかに支店長の判断した通り、B社の売上は20億円台で安定しており、利益もあがっていました。しかし、実質的な債務超過額は約20億円と売上に匹敵するほどの規模だったため、返済はほぼ不可能だったのです。

主な販路だった百貨店や総合スーパーが次々と消えていったにも関わらず、製造会社であるB社がここまで倒産に至らなかったのは、経営陣がさまざまな生き残り策を進めてきたからです。もっとも効果が大きかったのは岩手県にあった工場の閉鎖で、そこで行われていた業務を中国の生産拠点に移管することにより、大幅なコスト削減を成功させています。私はこの点を高く評価しましたね。

一般的に考えた場合、製造業務の中国シフトは、大きな賭けです。たしかにコストダウンは可能でしょうが、一方で商品の品質が低下する恐れがあり、特に仕上がりが重要なスーツでは非常にリスクが大きいのです。

このような懸念に対して、B社では中国工場の生産品質を高めるだけでなく、仕立てが難しい商品に関しては日本で製造や修正を行うといった2段階の製造態勢により、国内生産と同等のレベルを保つことに成功したのです。

このような大胆な戦略を実行した若い社長は、大学卒業後に大手の繊維会社に入り、そこで経験を積んでからB社の経営を継ぐために戻ってきたという経緯がありました。つまり、外の世界も知っているだけでなく、繊維やアパレルのビジネスにも精通していたからこそ、効果的な経営改革ができたのでしょう。その後も、彼の存在がいくつものピンチを救っていきます。

最初に相談を受けた印象では、いくつか明るい材料は見られるものの、問題になってくるのは、やはり、24億円もある借入金でした。内訳は、メインバンクが50％、その他の金融機関やRCCなどが続きました。担保である不動産は2億円程度しかなかったので、差し引き22億円が純粋な債務となります。

再検討となった再生イメージ

借入金は大きかったものの、それでも事業が順調であり、経営の改善も進んでいることから、当初、私たちは「比較的、スムーズに再生ができるのでは？」と楽観視していました。そこで、翌週にはメインバンクへのヒアリングを行うことに決めたのです。この段階ですべての金融機関を集めなかったのは、今回の再生で鍵となるのがメインバンクだったからです。

私たちは、どんな案件においても、まず「再生のイメージ」を考えます。いわば治療方針ですね。

B社を再生するには金融機関による債権放棄が不可欠でした。となると、負債の半分を占めるメインバンクがそこまで踏み込んだ支援をしてくれるのかどうか、意思の確認が必要です。そこで、私たちの「見立て」をもとにヒアリングを行ったところ、期待通り、債権放棄も含めて協力してもらえそうな感触を掴んだので、正式な次のステップに進むことにしました。

当時、私たちが描いていた再生イメージは「メインバンク以外の金融機関も含めて合計10~13億円の債権を放棄してもらえれば抜本再生が可能だろう」といったものでした。ところが、個別支援チームを立ち上げ、事業DDと財務DDを始めてみると、「精密」診断の結果は予想を超えて厳しいものだったのです。

まず事業DDの結果ですが、製造業務の中国シフトによる採算性の向上は評価できるものの、資金繰りの逼迫により仕入れの支払いが滞ってきており、このままでは事業の継続が危ぶまれます。生地が買えなければスーツは作れませんからね。

したがって、仕入れ先と取引停止になる前に再生を完了させなければならず、時間的な余裕がありませんでした。

一方、財務DDの結果はもっと深刻です。資金難から税金や社会保険料の滞納が発生していたのは大きな問題ですが、さらに現地法人となっている中国の工場では仕入れだけでなく物流などに必要な代金の支払いまで滞り始めており、こちらは、いつ事業がストップしてもおかしくない状況でした。そんなこともあり、メインバンクも、中国工場から日本国内に移される「輸入」関連の与信には慎重になっていたほどです。

財務上の懸念は他にもありました。B社では過去にも従業員のリストラを行っており、そのことは経営面ではプラスに働いていたものの、そのときの労働組合との合意によりリストラ対象者の退職金を分割して支払い続けていたのです。当然、これをストップさせることはできず、事業を継続していく上では大きな足枷になっていました。

これらの結果を考えると、もう一度、再生イメージを検討し直さなければなりません。そして、最終的にまとまったのが、以下のような内容でした。

B社の再生イメージ

①事業継続のための必要条件は、滞納している税金や社会保険料、および海外を中心とした仕入れ代金などの未払いの解消であり、そのためには3億円ほどの資金が必要になる。

②3億円の調達を前提とすれば第二会社方式による再生計画はつくれそうで、債権放棄を含む金融機関への支援要請が可能になる。

③設立する新会社では3億円の資金が必要となるが、現況では金融機関からの借入は難しいと考えられるため、投資家（スポンサー）を見つける必要がある。

ここでいう「第二会社方式」とは、財務状況が悪化している現在の会社から、採算性のいい優良事業だけを会社分割や事業譲渡などの方法で別会社（新会社、第二会社）に移し、過剰債務や不採算事業は旧会社に残したまま清算するという再生手法です。つまり、おいしいところだけを持ってきて新会社を立ち上げるのですね。

こんな説明をすると、「そんな都合のいい方法があるの？」と疑問を感じる方がいらっしゃるかもしれませんが、これはあくまで手法というか、手続き上の話であり、どんな場合でも可能なわけではありません。しかし、その会社の事業を続けてもらい、雇用を守るには患部だけをばっさり切り捨てる荒療治も必要なわけで、金融機関など債権者に目的をちゃんと説明した上で、了解を得れば可能なのです。

余談になりますが、第二会社方式は最近では企業再生の手法としてかなり一般化してきており、名称としても定着してきたものの、どうも名付け親は私みたいですね。便宜上、この呼び名を使っていたのが、いつの間にか広まったようです。

実は、似たような手法を使って借金を踏み倒すケースも多く発生していたことから、第二会社という言葉には悪い印象を持つ人もいたようですが、「企業再生には有効である」と私がその正当性を雑誌などに書き続けたせいで、抜本再生の手法として定着していきました。その一方で、「濫用的会社分割」などと呼ばれる悪用には厳しい対応が行われるようになってきており、一定の線引きはされています。

なお、滞納した税金や社会保険料などは、当然、この手法を駆使しても免除してくれないので、注意が必要です。

■オーナーに告げた「のれん」の売却

最終的なB社の再生イメージでは、必要な資金となる3億円を投資してくれるスポンサーが不可欠でした。しかし、これは残酷な決断でもあります。なぜなら、事業継続のために会社を身売りするのですから、代々、受け継いできた「のれん」を失いかねません。

それでも、今回の再生においてもっとも重要なのは従業員の雇用を守り、仕入れ先にも迷惑をかけないことなのですから、場合によっては経営者が会社を手放さねばなりません。

さらに、それだけで終わらず、会社を窮境に導いた経営責任や保証人としての責務もあることから、自宅の売却や個人の破産まで覚悟してもらわなければならないのです。それを告げるのは極めて辛い仕事でした。しかし、これは私自身に課せられた役目なのです。

そのころのオーナー一族の状況は、長くトップにいた先代が経営悪化の責任をとって代表権のない会長に退いており、前述したようにサラリーマン経験のある息子さんが新社長として経営改革の先頭に立っていました。したがって、社長だけに話せばいいのかもしれませんが、「のれん」の件は一家の覚悟に関わる重大事であるため、会長にも出席をお願いし、次のように再生イメージの説明を行ったのです。

「優良事業だけを分離した第二会社の設立には、税金などの滞納や未払い分に充当する3億円の資金が必要になります。しかし、オーナー一家にはそれだけの私財はなく、出資は不可能ですから、事業を継続するには外部から投資家を見つけてくるしかありません。この場合、経営権も出資者に移ることになりますが、長年、勤めてくれた従業員の雇用を維持し、なおかつ取引先に迷惑を掛けずに再生するには、この方法しかありません。併せて、金融機関には多額の債権放棄をお願いすることになるため、保証人としての覚悟も必要です」

先祖が創業した会社を手放せというのですから、かなり厳しい内容だったと思います。それでも、事業DDと財務DDの結果を詳しく伝え、再生イメージを理解してもらうように努めたところ、会長も社長もすぐに了承し、「従業員と取引先を守ることが第一であり、自分たちはすべてを投げ出す覚悟でいる」と明言してくれたのです。

■難航した第二会社のスポンサー探し

B社の再生スキームでは、この段階になって初めて、すべての金融機関を集めて交渉を始めました。メインバンクとはすでに話がついていたこともあり、会議は大きな混乱もなく進み、再生に向けての今後の方針などを了承してもらえたのです。

ここまでは順調だったものの、続くスポンサー探しでは、かなり苦労しました。そのころのスーツの市場は、ロードサイドに多店舗展開する既製服を得意とするチェーン店が席巻しており、B社のようなオーダーメイドスタイルは時代遅れだとされていたのです。そのせいか、スポンサーはなかなか見つからず、再生計画は先に進みませんでした。そこで、同業他社を含めた一般企業にスポンサーになってもらう案は、いったん断念し、再生ファンドに活路を見出そうとしたのですが、これもうまくいきません。最初に声を掛けた公的ファンドはかなり前向きに検討してくれたものの、最終的には了承がもらえず、足踏み状態が続きます。

そんなとき、突然、救いの神が現れました。それは、たまたま私たちの事務所を訪ねて来られた方だったのです。

その人は、それまで所属していた公的ファンドから民間のファンドに転身したばかりで、ファンドのPRを兼ねて、営業に来られたのでした。ファンドの投資方針などを伺っていたところ、このファンドの投資家は繊維関係の商社であるとのこと。早速、私は「繊維のプロの見立てを聞きたい」と、B社への投資を検討してくれるよう頼みました。

その後しばらくして、こんな答えが返ってきました。オーダーメイドのスーツというと古臭く感じるかもしれないが、希少ではあることから、結構、おもしろい。事業性もありそうだと。つまり、投資家の目から見ても価値のある事業であり、3億円の投資を検討してくれるというのです。ようやく、希望の光が見えてきました。

再生スキーム中に起きた不思議な事件

民間ファンドに支援してもらえる可能性が生まれ、私たちは詳細な交渉に移っていきます。幸い、3億円の投資に基づく第二会社方式による再生という計画は金融機関からも評価され、あとは正式な合意に向けて走り出すだけでした。

ところが、その間におかしな問題が起きたのです。

始まりは1本の電話でした。相手は私の銀行時代の同僚で、もっとも信頼できる友人の1人です。彼も私と同じ時期に銀行を退職しており、連絡が来るのも久しぶりでした。

何事かと尋ねると、こう告げられます。

「今、所属しているファンドからある会社に送り込まれ、再建を任されているのだが、そこがB社の中国現地法人に対する与信をストップしたいという稟議を上げてきた。おまえ、事情はわかるか？」

その会社は、B社の中国工場にとって重要な仕入れ先の一つでした。このため、もし、与信が止まり、仕入れができなくなってしまったら、製造を続けられなくなります。それはB社の破たんそのものを意味します。

それにしても、友人は、なぜ私に連絡してきたのでしょうか。聞いたところ、その稟議書によると、経営危機にあるB社が東京の再生支援協議会という〝怪しい〟ところに駆け込んだという情報が入り、それが理由で与信を打ち切りたいといってきたそうです。

このような情報が業界に流れるはずはないのですが、おそらく現地での交渉の過程で再生支援協議会の話が出たのでしょう。

友人は続けます。

「再生支援協議会といえば、確かおまえがいるところだよな。それを思い出したので電話をしてみたのだが、正直に聞きたい、B社は再生できるのか？」

もちろん、嘘をつくわけにはいかないので、私はこう伝えます。

「再生できるどうかについては、まったく責任は持てないが、自分としてはできると信じているから全力で支援している」

すると友人は「わかった。おまえが再生できると思っているのなら大丈夫だろう。与信は継続するようにしておくから、がんばれよ」といって電話を切りました。

幸いだったのは、たまたま、その会社に親しい友人がおり、しかも私のことを気にかけていてくれたことです。それにより、B社は突然死を避けることができたのですが、後から考えると怖くなりましたね。

「運転資金の調達」という難題

再生イメージでは第二会社の設立に3億円の資金が必要だとしましたが、再生スキームをすべて完了させるには、これだけでは足りません。事業を続けるための運転資金が必要であり、その調達をどうするかが次の課題でした。

どう考えても、債権放棄のお願いをしている金融機関に新規の融資を求めることはできません。といって、新たな融資先を見つけるのは簡単ではないでしょう。

八方、手を尽くして探したところ、ある銀行が「検討する」と答えてくれたので、融資の申し込みのため、社長が先方を訪れます。すると偶然にも、その銀行の担当チームの1人が彼の大学時代の知り合いであり、かなり好意的に話を聞いてくれたのです。

もちろん、最終的な融資の判断は銀行の規定によって出されるのでしょうが、経営者の人物評価という点においては、知人であり、しかも信頼に足る人物だと認識してもらっていたことはプラスに働いているはずで、こういった運も再生スキームにおいては大きな力になるのです。

再生中は厳しい出来事の連続でしたが、その渦中、うれしいこともありました。それは若社長の結婚です。

当時、30歳になっていた彼には、繊維会社に勤めていたころから長く交際している女性がいました。普通なら、そろそろ結婚を考えてもいい時期なのですが、自ら経営する会社が生きるか死ぬかといった瀬戸際であったことから、「プロポーズなんかできない」と、遠慮していたのです。

ところが、そんな状況を心配した先方のお母様が、直接、連絡してきて、「娘はあなたでいいといっているけれど、あなたの気持はどうなの?」と聞かれます。社長としては自分の置かれている立場をすべて説明するしかなく、「金もなく、仕事もなく、住む家さえなくなる可能性がある自分に、結婚を申し込む資格はない」と答えたそうです。

これに対して、お母様の反応は立派でしたね。

「そんなことは関係ない。女が結婚を考えるというのは覚悟があってのこと。だから、あなたの気持ちをはっきりさせなさい」

こう怒られたそうです。

それでも決めかねた社長は、悩んだ末に私のところに相談に来ました。再生とは直接的に関係ない話ですが、そのころはどんなことでも正直に話していただける関係もできていたので、自然にそうしたのでしょう。

内容を聞いた私は、すぐに告げます。

「おめでとうございます。すばらしいお話ではないですか。あなたは社長であっても一文無しだし、会社だっていつどうなるかわからない。そんな男のところに嫁に来てくれるなんていう女性は、どこを探してもいないのですから、絶対に結婚すべきです」

ここまでいわれても、気遣いのできる彼は「こんな時期だけに金融機関に文句をいわれないか」と心配していましたので、「大丈夫、もし何かいってきたら私が黙らせます」と背中を押してあげました。

そんな経緯で、お二人は無事、結婚されたのですが、その後、お子さんも生まれ、幸せな家庭を築いておられます。

私たちの支援事業の目的は、企業を再生させるだけでなく、関係する人々の幸せを守ることだと思っています。そう考えると、若社長のご結婚の手伝いが少しでもできたのも、「再生支援」の一環だったのかもしれません。

■再生ファンドが評価した事業の強み

スポンサーとなるファンドは、再生支援協議会から提出されていた「3億円の投資を前提とした事業計画」をベースに、B社にヒアリングした内容も加えながら、投資家である繊維商社への説明を続けてくれていました。こうした状況は、逐次、債権者である金融機関にも報告しており、再生スキームは順調に進んでいきます。

その後は、投資家の了承も得られてスポンサー契約も締結し、金融機関も債権放棄に合意してくれました。

私たちの事業DDでは若干の不安材料が残っていたものの、それでもファンドがスポンサーになると決めた理由は、B社の事業における「スピード感」にあったようです。日本国内でスーツの注文を受けると、採寸したデータを中国の工場に送り、すぐに生産を開始する。その商品を輸入して日本で検収し、品質を確認してからお客様に手渡すまでの期間は最短で3週間ほどと、オーダーメイドのスーツとしては異例の速さでした。

ただし、投資家は私たちの計画を無条件に了承してくれたわけではありません。設立した第二会社を、将来、他の会社と合併させて経営基盤を安定させるといった構想もあったと、後から聞きました。このアイデアを知ったとき、立場が違えば考え方も異なるわけで、私自身、もっと視野を広げて発想を豊かにしないといけないと思いましたね。

最後は、あっさりと再生が成立したように思えるかもしれませんが、実際には「会社を分割した後にどうやって実務を遂行していくか」とか、労働組合との交渉や、社会保険料の滞納による差し押さえを回避するための対処などなど、細かい苦労をあげれば切りがありません。それでも結果は満足するものであり、再生支援協議会としても貴重な経験を積むことができたのです。

■オーナー一家の復帰が成功の後押しに

ここからは後日談になります。

会社分割が無事に終わり、新たにスタートした新会社のトップになったのは若社長でした。つまり、株主としての会社の所有権は失っても彼の地位は変わらなかったのです。

しかも、先代の時代からオーナー一家を支えてきた番頭格の専務も残り、体制の変更はありません。ファンドがそういった決断をした理由は、社長の経営手腕を買っていたことに加え、従業員たちが彼を慕っていたこと、そして、労働組合との交渉にも継続性が必要であるといった点などがありました。つまり、表面上はそのまま同じ会社が残ったような印象を受けます。

ただし、オーナー一家は再生のために全財産を提供し、自宅も売却していましたから、文字通り裸一貫で「雇われ社長」になったのです。

ところが、その後のファンド側の構想の変化や、再生後の業績が思うように伸びなかったなどの諸事情から、しばらくすると社長の交代が決まります。新しく経営のトップになったのは番頭格だった専務でした。

このとき、若社長は「一介の従業員としてそのまま会社に残るか、あるいは会社を辞めるか」との決断に迫られ、私の携帯電話に連絡をいただきました。

そのころ、私は現在も在籍している中小企業再生支援全国本部を立ち上げ、その責任者に就任していました。東京の再生支援協議会を退職した段階で、B社との関係は切れていたのですが、それでも頼りに思って相談してくれたのはうれしかったですね。

ただし、聞いたところでは極めて難しい内容であり、簡単にアドバイスできることでもありません。そこで、事務所の傍の居酒屋で会うことにし、腹を割ってゆっくりと話をしました。彼の方も、最後は自分の判断に従うしかないことを重々承知の上で相談に来られているのですから、私も本音を話した上で、最後は「責任を取るのは自分なのですから、自分で答えを出してください」というしかなかったですね。

結局、若社長は退任とともに退社し、IT企業の上場支援室を経て中堅コンサル会社に入社します。才覚のある人なので、それなりに順調に仕事をしていたようです。

一方、B社の方はなかなか業況が好転しません。このため、最終的には取り引きのあった事業会社に売却されてファンドの手を離れます。

その後、さらにリーマンショック、東日本大震災が重なって厳しい状況が続いたことから、新しいスポンサーとなった会社も、それ以上、持ちこたえられなくなり、社長となっていた元専務に株式を売却したいと申し入れてきたのです。

ここからがちょっとしたドラマです。

話がまとまり、全株式を取得して「オーナー社長」となった元専務でしたが、ご本人が高齢だったこともあり、若い世代に経営を任せようと考えます。そこで白羽の矢が立ったのが、退社していた「若社長」だったのです。

元専務は番頭として長く務めてきた人物だったので、その恩義を感じ、大政奉還をしたかったのかもしれません。

若社長が戻ってきてからのB社は、従業員たちの士気が高まったこともあり、急激に業績を回復していきます。さらに、アイデアマンである彼の才能が一気に花を咲かせ、怒濤の勢いで成長を始めるのです。

もっとも効果的だったのは、独自の販売網を構築するという戦略でしょう。現在、全国に46店舗を展開し、そこでオーダースーツの注文を、直接、受け付けています。つまり、百貨店や総合スーパー、専門店などに依存しなくても販売できるようになったのです。

一見、無謀に思える計画ですが、B社が店舗として借りているスペースはビルの上層階などの賃料の安いところばかりなので、それほど大きな投資は必要としません。少ない資金で独自の販売網を構築できたのですから、OEM生産に頼っていた時代に比べれば、著しい進歩です。

並行して、サッカーや野球、バスケットボールなどのプロスポーツチームの公式スポンサーとしてスーツを提供して知名度のアップに努めるなど、メディアを通じたさまざまなPR活動の成果により、アパレル業界における台風の目の一つになってきました。オーダースーツを「初回お試し価格」として1万9800円で販売する大胆な戦略も顧客の開拓に大きな力を発揮しており、再生の成果は、私たちの予想を遥かに上回り、今やすっかり優良企業に変身しています。

エネルギッシュな社長がけん引し、スーツビジネスに革命を起こしました

再生後のB社では、プロのスポーツチームの公式スポンサーとして、体格の大きなプロスポーツ選手のスーツをオーダーメイドで提供することで、宣伝にも一役買ってもらうなど、アイデアを活かした攻めの姿勢で知名度を高め、販売促進につなげてきました。その結果、これだけの成功を遂げたのですから、社長の経営手腕が高く評価されるのは当然でしょう。

藤原 再生から10年以上経つわけですが、初めてお目にかかったころと変わらずエネルギッシュで、安心しました。

社長 もう40代ですけれどね（笑）。

藤原 お父様から引き継いで経営を任されたのは30代になったばかりでしたからね。しか

も、**経営状態は最悪でした。**

社長　とにかくどうにもならない状況で、いきなり火のついた車の運転席に座らされたようなもの。そのため、メインだった金融機関から再生支援協議会のことを教えられたときには、藁にもすがる気持ちでしたね。

藤原　**バブル期の過大投資による過剰債務が、ずっと経営を圧迫していましたからね。**

社長　それでも資金運用の工夫や、従業員たちにもさまざまな苦労を強いながら、なんとか自転車操業で事業を続けてきました。しかし、売上の半分近くを占めていた百貨店による販売ルートが倒産によって閉ざされてしまい、いよいよピンチに陥ってしまいました。

藤原　**そのころから、販売店に頼るビジネスモデルには疑問を感じていたのでしょう？**

社長　百貨店も客足が遠のいてきたことで、露骨に業者いじめをしてきましたからね。加工賃をぎりぎりまで下げてきたり、販促協力金を求めたりで、すでに有望な販路とはいえなくなっていました。このため、いつか自分たちで小売りができないかとは思っていたもののの、そのころは方法が思いつかなかったのです。

藤原　**それよりも経営の建て直しが急務でしたからね。**

社長　自分たちの商品には自信を持っていただけに、攻めることのできない経営状態がくやしかったですね。

どこよりも安くオーダースーツを販売できる強み

藤原　ところで、御社の主力商品はオーダースーツとなっていますが、既製服との違いを詳しく教えていただけますか？

社長　既製服、いわゆるレディメイドのスーツは、「A体9号」のように〇〇体××号というサイズがあります。〇〇体はウエスト、××号は身長で決まるため、人の体をZ軸で決めてしまいます。そのため、それぞれの人の体型に合っているとはいえません。

藤原　スーツは全身を包む服ですから、体型との一致は重要ですね。

社長　このため、現在ではパターンオーダー、正式にはサイズオーダーと呼ばれる販売方法が一般的になってきました。これは、〇〇体××号のパターンを△△の生地で作ってくれというオーダーで、フィット感はレディメイドと大差ないものになります。

藤原　それなりに体型に合ったスーツが作れるのですね？

社長　そうともいえません。身長の高い人低い人、太目の人細目の人、スポーツ経験者のように体のどこかが発達している人など、パターンオーダーでは対応できないケースが多いのです。

藤原　この点、フルオーダースーツであればどんな体型にも合わせられるのですね。

社長　フルオーダースーツという言葉は、もともと「フルハンドメイドオーダー」の略で、今となっては定義がはっきりしないところもあり、すべて手作業で仕上げたものしか認めないという人もいます。しかし、現実にはミシンを使わずにスーツを作ることは、まずないので、機械の使用は関係ないのではないでしょうか。うちの場合は、お客様の採寸データをもとにコンピューターがパターンを起こして仕立てるので、オーダースーツという名称にまちがいはありません。そして、これらの作業の多くを機械化したことで、画期的な低価格を実現できたのです。

藤原　コストパフォーマンスの高さが最大の強みになっていますね。だからこそ、あのときもファンドが御社の価値を見出し、スポンサーになってくれたのだと思います。

社長　大半の商品は中国の工場にデータを送ることで製造できますが、体型的に難しいものについては国内工場ですべて仕上げなければなりませんので、コスト的にはけっこう厳しいものがあります。それでも、他社には絶対できないことをやっているのですから、事業に関してはずっと自信を持っていました。

あきらめてしまったら奇跡も起きない

藤原　再生のころの話に戻りますが、同じような境遇にある企業へのアドバイスの意味からも、経営者が努力しなければならないことを教えていただけますか？

社長　まず重要なのは、再生支援協議会や金融機関の協力を受けたとしても再生の主役は自分たちなのですから、計画づくりなどの作業は責任を持って進めなければなりません。このあたりを他人任せにしていると、誰も親身になって助けてはくれなくなるでしょう。そしてもちろん、従業員や取引先を守るには私財を投げ打つ覚悟も必要です。

藤原　プレッシャーは大きく、あのころはかなり疲れていましたね。

社長　今だから冷静になって話せますが、当時は、毎日、辛いことばかりで、ノイローゼになりそうでした（笑）。

藤原　それでも耐えられたのはどうしてですか？

社長　「再生」という大きな目標に向かって進んでいるとき、私自身が切れてしまったらすべてが終わりだと考え、どんなことにも耐えていこうと決心したのです。それが功を奏して多くの協力が得られたのですが、一方で再生までの道のりを振り返ってみると、努力だけでは説明できない偶然ともいえる幸運もたくさんあり、奇跡のようにも思えます。なんといっても、再生支援協議会との出会いが最大の幸運でしたからね。

藤原　幸運といえば、いったんファンドに経営権が移り、最初は社長を任されたにも関わらず退社することになったのに、再度、返り咲くことができたのも珍しいケースだと思います。

社長　これもいろいろ事情があり、大きかったのは東日本大震災によって工場が被災したものですから、経営権を持っていたオーナー企業も少し投げやりになっていたみたいですね。その結果、手放す気になり、いろいろあって、最終的に私が再就任することになりました。これも奇跡の一つかもしれません。

中小企業経営者として努力していることは？

藤原　全国に広がる店舗網を構築したのには驚きましたが、インターネットなどを活用した情報発信も、今の時代の経営者にふさわしい発想ですね。

社長　中小企業として使える予算には限りがありますから、その中で最大の効果が発揮できる方法を考えていくのが経営者の仕事です。

藤原　自分なりの経営術ができてきたのですね。

社長　私の場合、新しいビジネスを始めるときには、少なくても確実に利益を生み出せるように考えて設計します。こっちは赤字だけれど別の方で黒字を出して補填するといった方法は大企業だからできることで、中小企業が真似すべきではありません。

藤原　一つひとつを堅実にやっていくというのは、取引先との関係についてもいえますね。

社長　その通りです。金融機関にしろ、仕入れ先にしろ、迷惑を掛けたらそれ以上のつきあいができなくなり、ビジネスは続けられなくなります。これも中小企業にとっては致命的でしょう。

藤原　最後に、再生支援協議会へのご意見を聞かせてください。

社長　活動内容にはまったく問題がありませんが、もっと知名度が上がり、中小企業からの理解が深くなればいいのではないでしょうか。再生支援協議会というのは企業再生という試合におけるレフェリーみたいなものです。中立の立場で裁いてくれるから、企業と金融機関は対等に交渉ができるのです。レフェリーのいない試合では不公平になり、まともに戦えません。だからこそ、経営に悩む中小企業の経営者は、再生支援協議会のことをもっと知るべきだし、再生支援協議会からも、もっと積極的にPRしていってもいいのではないでしょうか。

B社の再生支援に乗り出した当初、私自身はアパレル業界について詳しかったわけではないので、多くの専門家たちの知恵を借りながら、なんとかゴールにたどり着いた覚えがあります。そしてもう一つ、社長の「諦めない心」も大きな支えになりました。

一度、会社を離れなければいけなくなった社長が奇跡的に戻ってきたことで従業員の心が一丸となり、業績の回復と成長につながったという話は、経営を数字でしか判断できない金融機関にはなかなか思いつかないことでしょう。私にとっても勉強になり、再生における一つの切り札にならないかとさえ考えているほどです。

B社の社長は自分たちの特性や立場をよく理解した上で、新しい経営手法に常に挑戦しているのです。その姿勢が変わらないかぎり、これからも成長を続けていくでしょう。

第四章

再生ケーススタディ3

まわりを信じさせる力
応援せずにはいられない技術屋親子

1960年代に東京で創業し、電子計測機器やマイコン応用システム、各種検査装置などの開発・製造を行ってきたCエレクトロニクス株式会社は、独自の技術を持つオリジナリティのある会社として着実に地歩を築いてきました。特に実装回路基板の検査機に強く、C社の製品は日本を代表する自動車メーカーや電気・電子機器メーカーで使われているほどです。

そんなC社にも苦難の時期がありました。2003年末には深刻な経営危機を迎え、倒産寸前にまで追い込まれたのです。

絶頂期の1970年代には開発した製品が世界で売上を伸ばし、税務署から評価されるほど。新社屋を建設し、新卒者の採用もできるようになってきました。やがて好景気を背景に金融機関からは投資目的の賃貸マンションの建設、ゴルフ会員権の購入などを勧められ、借り入れが増えていきました。そうした中でも、新たに開発した製品が、アメリカの企業を通じて売上を伸ばし、経営状況は好調だったのです。その製品を製造するために、隣接する土地に工場を増設するほどでした。

しかし、2001年9月11日のアメリカでの同時多発テロを受け、突然、取引が中断されたのです。大きな取引の柱を失った打撃は、当然経営を圧迫していきました。

資金繰りのプロによる延命が借金を増やした

社長の妻である専務（当時）が、創業時より経理財務を担当していたのですが、1998年に金融機関から派遣されてきた人からの要望を受け入れ、経理財務担当の専務という立場を譲ることとなったのです。その後、彼は資金調達に専念し、さまざまな知識を駆使してC社の延命に力を発揮したのです。

一方、社長夫妻は、借入だけに頼るのではなく、事業規模の縮小といった手段も必要ではないかと考えてはいたそうです。しかし、金融機関から派遣された人だったことや専務という要職を任せていたという遠慮もあったのかもしれませんが、結果的に時間は経過していきました。

社長は極めて優れた技術者ではありますが、経営面は得意ではないとご本人はいわれます。ホンダの本田宗一郎と藤沢武夫ではないですが、C社は社長と夫人のお二人による絶妙の役割分担で経営してきた会社だったのでしょう。それが、会社の規模が大きくなっただけでなく、外部の人に財務面を任せてしまったことから歯車が狂い出し、抜本的な経営改善に打って出るタイミングを見出せなかったのです。そして、2003年の暮れ、専務から退職の申し出がありました。社長夫妻としては、さまざまな想いはあったでしょうが、すべてを飲み込み、専務からの退職の意向を受け入れました。

C社の技術はたしかにすぐれており、製品は確実に売れていました。しかし計測機器や検査装置の市場は限られており、業績を伸ばしていくのは至難の業です。それどころか、顧客である大手メーカーが検査システムを内製化するケースも多く、結果的に売上は下降していました。新製品の開発がなかなか進まなかったことも、成長できなかった原因です。

そんな折り、東京都中小企業再生支援協議会が発足しました。こうしたタイミングがあったことは、なにかの縁なのでしょう。

■決算数字が示す再生の難しさ

2004年1月、社長と奥様、そして退社直前の専務の3人が来所され、最初の相談を受けることになりました。再生支援協議会を知ったのは、取引金融機関の一つである信用金庫に勧められたからだそうです。

お話を伺う限り、経営状況はかなり厳しいものでした。借入金はメインバンク、政府系金融機関、信用金庫など合わせて約14億5000万円あり、これは売上の3倍以上になります。当然、返済は不可能です。

このような多額の借入金を、金融機関はどう処理していたのでしょうか。

メインバンクでは金利を受け取ると、それを元金部分の返済に充当するという対応をしていました。つまり、金利を取らずに元金を少なくしていこうとしてくれているのですから、すごくありがたいように思えるのですが、金融機関の論理では少し異なります。実態はその逆で、この銀行はC社の債務者区分を実質破綻先、すなわち破綻状態にある企業だと判断したことを示し、回収を最優先に考えているとわかるのです。

これに対して、メインバンク以外の取引金融機関では、金利は金利として受け取り、元金の返済は待ってくれているという状態でした。債務者区分としては破綻懸念先であり、まだ立ち直る可能性が少しはあると見ていたのです。

いずれにしろ、非常に細い糸にぶらさがっているような状態は変わりません。アメリカでの同時多発テロ事件による市場の冷え込みの影響はC社の顧客にも及び、製品の受注は減っていきます。その結果、赤字続きになり、債務超過もどんどん拡大していきます。つまり、決算数字だけを見る限り、再生はまったく不可能に思えたのです。

■応援してあげたい魅力ある会社

これに対し社長たちの希望は「たとえ規模を縮小してでも会社を存続させ、事業を続けたい」というものでした。状況はかなり厳しいものの、経営者自身に明確な目標がある以上、その方向で解決策を考えるのが私たちの役目です。

唯一、明るい材料だと思えたのは、社長夫妻の人柄でした。極めて誠実な人たちであり、会社や従業員のために、一生懸命、働いてきたことがわかり、それだけでも、何とか応援してあげたいという気持ちにさせてくれます。

これは金融機関の担当者たちも同じだったようで、だからこそ、（大変失礼ながら）こんな状況になっても見捨てずに支えてきたのでしょう。もしかすると、退職した専務も、そんな想いだったのかもしれません。

もちろん、感情だけで再生を支援していこうと決めたわけではありません。他社にない技術を持ち、開発力に定評のある会社であれば、無から有を生み出すように新しい製品を完成させ、事業を創生していけるのですから、これは大きな強みです。したがって、多額の負債などの足枷がなくなれば、業績が回復する可能性は残されています。

そんなことを念頭に置きながら、当初、私の頭に浮かんだのは、有力なスポンサーを探してM&Aをしてもらうことでした。そうすれば事業は続けられますし、雇用もある程度は守られます。

感触的には金融機関の支援も期待できることから、多少は時間的な余裕がありそうです。そこで、早急な結論は出さず、他の人の意見も聞きながら、方針を固めていくつもりで、その日は「やるだけはやってみます」と答えておきました。

あいまいな再生イメージしか描けない厳しさ

その後は、手順通りに個別支援チームを立ち上げ、事業DDと財務DDを始めます。ただし、この段階では具体的な再生イメージはまったく描けませんでした。

そうなった原因は、私がC社の製品や技術に詳しくなく、事業と経営を結びつけて考えることができなかったからです。このため、電子・電気機器のビジネスに詳しいコンサルタントをチームに引き入れ、検討してもらいました。そしてまとまったDDの結果が以下のようなものです。

事業DD

ここ2年間で北米マーケットの喪失により売上は半分以下に激減しているのに、その状況に対処できていない。固定費の大幅な削減が課題。業界他社との提携の可能性なども検討するべきだ。

財務DD

時価ベースの貸借対照表（B／S）は、ほぼ想定通り。ただし、損益計算書（P／L）は厳しく、キャッシュフローはマイナス状態であるため、定期預金の解約や資産売却に続き、個人からの資金投入や銀行借入などにより、辛うじて資金繰りを維持しているが、時間的にも厳しいと思われる。

これらの結果を受けて、再生イメージを構築していきます。

C社の再生イメージ

①キャッシュフローをプラスにすることが先決。そのためには人員の削減、設備や車両などの処分、社宅や本社の売却といった大胆なリストラを検討する。
②具体的な抜本再生の計画はその後に検討する。

③金融機関の支援がいつまで続くかわからないので、当面の資金繰りの確保を最大の課題として取り組む。

具体性に乏しく、自信を持って再生のイメージだとはいえない内容ですが、このときはこれが限界でした。今はほとんど死にかけているC社なのですから、とりあえず「息ができる」状態にまで復活させたところで、具体的な再生プランの策定に進みたいと考えたのです。問題は、それまで金融機関が支援を続けてくれるかでした。

コンサルタントが見つけた一筋の光

事業DDと財務DDの結果を踏まえると、C社が自力で再生するのは難しいと考えざるを得ません。このため、私たちも最初はM&Aを視野に入れた計画づくりを進めていました。ところが、この業界に詳しいコンサルタントを交えて協議を重ねたところ、こんな意見が出てきました。

「キャッシュフローさえプラスにできれば、抜本的な再生ができるかもしれない。メーカーにおける最大の財産である技術力や開発力を持っているのは強みなのだから、そこに賭けてみるのもいいかもしれない」

つまり、スポンサーへの売却（M&A）ではなく、自力再生の可能性もゼロではないというのです。まだ漠然とした方針ではあるものの、一筋の光が見えてきました。

ただし、目の前にあるのは長く険しい道です。抜本再生を成功させるには金融機関からの債権放棄が前提になりますが、それには大きく二つの方法があります。

一つ目は先ほどから話に出ているスポンサーによるM&Aです。この話がまとまれば事業の継続は保証されますから、金融機関も債権放棄に応じる可能性が高くなります。

もう一つが自力再生型で、引き続きオーナー一族に会社を任せるという方法ですが、もちろん、簡単ではありません。事業の継続に何の保証もないのですから、関係者全員が納得するまで何時間、何日間掛かっても話し合いを続け、その上で結論を出すべきなのです。

今回の案件において、当事者である社長が望んでいるのは自力再生型の再生なのですが、そのためには膨大な時間が必要になります。そして、結論が出るまですべての金融機関が強引な返済を迫らず待ってくれるのかどうか、彼らの判断を仰がなければなりません。そこで、バンクミーティングを開催することにしたのです。

債権者である金融機関を集めたミーティングでは、最初に事業DDと財務DDの結果報告を行い、「人員削減や資産の売却など、事業面における抜本的な改革を進めるので、再生までの時間をいただけますか？」と、素直に腹を割って打ち明けました。当然、厳しい反対意見が出ると覚悟していたものの、実際には、どの金融機関も驚くほど協力的で、支援する姿勢を示してくれましたね。これには、ほっと胸をなでおろした覚えがあります。

それにしても、どうしてここまで協力的だったのでしょうか。

前述したように、メインバンクではC社をすでに実質破綻先と認定し、回収を優先した対応方針を決めていました。法的整理である破産も覚悟していたはずです。

しかし、ここでも金融機関の論理を解説しますと、こんな状況であっても、その会社が破産するより多くを回収できる方法があれば、そちらを選択するのが理屈です。これを「経済合理性」といいます。

もちろん、現実には違った結論になることもないわけではありません。人間が動く以上、そこには感情的な判断も働くし、また経済合理性よりもスピードが優先される場面もあるからです。金融機関としての不良債権比率の圧縮という銀行経営上の判断要素が大きいケースではそうなることも多いですね。

しかし今回は、メインバンクも「時間が掛かっても再生の可能性に賭ける」という選択をしてくれました。そうなれば、融資額で下位になる他の金融機関も自然と同調してくれます。全員が「金利さえ支払えるのであれば再生を支援する」と答えてくれ、希望がつながったのです。

なお、一連のミーティングにおいても、経営者の人柄は高く評価され、そのことがいい結果を生んだようにも思います。特に常務だった社長夫人が会社を守るために粉骨砕身の努力をしている姿は広く知られており、金融機関は債権者という立場であるはずなのに、まるで応援団であるかの雰囲気さえ感じられたほどです。

企業再生というと、ただ数字を並べて判断するだけの事務的な作業だと思われがちですが、実際にはそれぞれの関係者の心の動きも重要であり、経営者の人格や誠意が大きく動向を左右します。そういう意味では、C社を救った要因の一つは、確実に「人情」だったのです（もちろん、それだけではないのは当然ですが……）。

社長に決断を迫った工場の売却

金融機関の了承を得られてからは本格的な再生への取り組みが始まり、経費削減の徹底、赤字部門からの撤退、人員削減、資産の売却などの経営改革を進めていきます。思っていた通り時間は掛かり、「再生スキームに耐えられる」健全な状態に回復するまでには2年も費やしたのです。それでも、最終的にはキャッシュフローがプラスになっただけでなく、金融機関に金利を支払った後も多少の手元資金が残るまでになったのですから、大成功でしょう。

多くの取り組みのうち、もっとも効果が大きかったのは工場の売却でした。

C社では創業18年目に新工場を建設しています。当時は業績が好調だったこともあり、業務拡大を展望した社長が想いを込め、自ら設計したそうです。

そんな自慢の工場だったのですが、会社の存続を優先した場合、売却するしかありません。それどころか、従業員の数も、さらに減らすという大胆なリストラが必要であることもわかり、私たちは厳しい要求を二つも告げなければならなかったのです。

話を聞いたとき、社長は、案外、素直に承諾してくれました。すでに同じ結論を出していたのかもしれませんが、内心、複雑な感情があったはずです。なぜなら、新工場は会社の発展を支えてきたシンボル的な存在ですし、従業員は自分の宝であると常に口にしていたからでした。まさに断腸の想いだったでしょう。

多くの経営者が抱くこういった感情は、銀行などにいるとなかなかわからないものです。このため、債務者と債権者が対峙するバンクミーティングでは延々と噛み合わない議論が続きます。

幸い、私は銀行員時代から多くの中小企業の再生に携わってきたことで、創業者の努力や苦労にまで目が行くようになっていました。そして、彼らの気持ちにも応えていくべきだと考え始めたのです。だからこそ、想い入れのある工場まで売らせてしまったからには、この会社は絶対に守っていこうと決意を新たにしました。

工場の売却に合わせて社宅も売却の対象にすることで、ようやくキャッシュフローがプラスに転じる可能性が見えてきました。まさに身を切って命をつないだのです。

それにしても、金融機関はこの2年間を、よく耐えてくれたものだと思います。そんな好意に感謝しなければいけないと、社長たちと相談し、資産売却などによって生じた手元資金の一部を金融機関に返済することを決めたのです。

ところが、ここでまた驚くべき出来事がありました。

そんな申し出に対し、すべての金融機関が「まだこれから何があるかわからないので、手元資金は少しでも多い方がいい」と、受け取りを断ったのです。そういう意味では、今回、C社の再生に関わった金融機関の担当者たちは人情がわかる人であり、びっくりしたというより、うれしい気持ちになったことを思い出します。

スロー再生にもメリットは多い

多くの課題を乗り越え、C社の再生スキームはようやく次の段階に進んでいきます。工場の売却などによって得た資金は、担保を設定しているメインバンクの返済にあてたので、以降、この銀行からの借入は無担保のものだけになりました。いよいよ再生のゴールが見えてきたのです。

すでにC社の経営状況はキャッシュフローを生み出せるほどに改善されており、損益については特に問題はなくなっていました。したがって、あとは金融機関に債権放棄をしてもらえば、再生は完了します。

先に書いたように、メインバンクはC社を実質破綻先としていましたが、担保となっていた不動産を競売ではなく任意売却によって処理できたことにより想定した売却価格より高くなり、多くの回収が実現できました。この段階で、彼らはある程度の満足を得られたはずです。

あとは回収金額の問題よりもスピード感でしょう。少しでも早く処理できれば、それがもっと大きな価値になります。

そこで、メインバンクに対してはサービサーという債権回収専門会社への債権売却をお願いしました。このような債権の売買では価格は額面より大幅に値引きされるのが一般的ですが、実際には額面1億円の債権が1000円程度になってしまうこともあれば、ほぼ額面通りというケースもあるので、なかなか正確な予想はできません（時価取引なので、通常は入札によってもっとも高い価格に決定されます）。

いろいろ不安材料はあるものの、「債権を売却してほしい」というお願いに対してメインバンクは快諾してくれました。これも、C社の誠意ある姿勢に対する回答だったのでしょう。あとは債権を買ってくれたサービサーに「買い取り額プラスα」を返済すれば残りはすべて免除してもらえます。

ちなみに、この手法はディスカウント・ペイ・オフ（DPO）と呼ばれ、再生スキームにおいて頻繁に使われるテクニックの一つです。

DPOに成功したことですべての準備が整いました。これらの内容を調査報告書として提示し、債権者である金融機関から同意を得られたところで再生計画は成立です。結局、最初に相談を受けたときから4年を要して再生は完了しました。

スピードが命といわれる事業再生において、C社のようなケースはかなり異例だと思います。私自身、こんなに長く掛かるとは最初は考えませんでした。

それでも、この4年間を無駄だと感じたことは一度もありませんでしたね。思い返すと、すべてが必要な作業であり、重要なステップを一つひとつ丁寧に重ねていくことで、ようやくゴールにたどり着くことができたのですから。

もちろん、それを可能にしてくれた最大の貢献者は、最後まで協力的だったすべての金融機関です。彼らが時間的な猶予をしっかり与えてくれたことで、4年間という長期プロジェクトが遂行できたのですから、この点に関しては本当に感謝しています。

加えて、C社の経営者がすべての課題に対して真摯に向き合い、改善に取り組んできたことも再生が成功した大きな理由ですね。両者の努力の結果、金融機関（債権者）と企業

（債務者）との友好な関係が築かれ、「リレーションシップバンキング」を地で行くような事例になったのです。これは、企業再生における理想的な展開の一つでしょう。

再生支援協議会では、このように企業と金融機関がともに納得する姿を目指しており、「納得感の醸成」は最大のテーマになっています。だからこそ、それを実現するにはスピード再生よりスロー再生の方がいいとなれば、そういう選択をするのであって、このあたりはこれからも臨機応変に対応していくつもりです。

ただし、スロー再生の場合は、そのあいだに事業毀損していく場合もあり、その判断というか、目利きが重要になってきますね。いずれにしろ、再生は、一件一件、条件が異なるので、前例にこだわらずに進めていくしかないのです。

いつか「工場」を買い戻す？

C社の件に関して後日談です。

再生完了後、しばらくして社長は経営の第一線を退き、すでにC社で働いていた長男を後継者に据えました。なんとか生き返らせた会社を、世代交代によってさらに次の時代に承継したのです。

バトンを受けた息子も血筋なのか、とにかく一生懸命に働きます。彼も技術者であり、知識や経験、そして開発力も十分にあることから、顧客である大手メーカーからの信頼は厚く、そのことがさらなる業容拡大につながっていると思います。さらに新社長による効果なのか、従業員たちも皆、明るく仕事をしており、すばらしい企業に復活しました。


再生スキームが成功してから10年ほど経ったとき、私は久しぶりにC社を訪れ、会長（当時の社長）、会長夫人、そして新社長にお目に掛かりました。尽きない思い出話が続くなか、会長がぽつりと「売却した新工場をいつか買い戻したいなあ」と口にしたのです。建物は当時のまま本社の隣に残っており、社長時代の想い入れの強さを知っていただけに、気持ちはよくわかります。

その言葉に対して息子さんは「努力します」と頼もしい返事をしたのですが、会長夫人は「いっそ、新天地を探した方がさわやかではないかしら」とおっしゃり、笑いに包まれました。

そのとき私は、こういった会話が自然にできるほど経営が順調になっている状態に安心し、思わず笑顔になりましたね。現在はびっくりするほど優良企業になっているのですから、再生した意義は大きかったのです。

企業再生は会社組織や事業といった概念的なものを残す作業ですが、その本質にあるのは、対象となる会社に携わる人の最大幸福の実現です。したがって、従業員の雇用をできるだけ守るのはもちろん、債務者である経営者や債権者である金融機関の担当者の誰もが納得できる結論に導き、皆に「よかった」といってもらいたい。そのために全力を尽くすことが私たちの務めなのです。

再生支援企業再訪記

親子で役割を分担できればオーナー企業はもっと強くなります

C社は再生後、順調に業績を伸ばし、工場の中は活気に溢れています。久しぶりに訪れ、創業者である会長（前社長）と夫人、そして今や社長として経営の陣頭指揮を執る息子さんの3人にお話を伺いました。

藤原　この会社に来ると、家族経営のよさを感じますね。

社長　企業においてオーナー社長が必ずしもいいとは思いませんが、うちの場合はうまくいっているように感じますね。父、母、私の3人で役割分担ができているからかもしれません。

藤原　会長は今でも技術一筋ですか？

会長　相変わらず、新しい技術開発にこだわりを持って取り組んでいます。今後は、過去のことを十分反省して、責任ある開発をしていきたいです。

会長夫人　会社が危機を迎えた原因は私たち経営者の大きな責任ですから、その点は本当に反省しています。幸い、今は社長が全体を見て、しっかりやってくれていますので、安心できるようになりました。

社長　私も技術者ですが、父とは違うやり方で会社を運営していこうと思っています。

事業は続けられたが負債は増えた

藤原　会社の経営が危なくなったのは2003年の暮れでしたね。

会長夫人　当時の専務は金融機関で支店長まで務めた方だったので、融資する側の事情に精通していました。さまざまな制度を組み合わせるなどして、当社に有利な借り入れをしてくれていたのです。そのおかげで延命できたことは、大いに感謝しています。しかし、当然のことではありますが、借入金はどんどん膨らんでいってしまいました。

藤原　その方が退職されるときには、なんとおっしゃられたのですか？

会長夫人　今後の余生を大切にしたいとのことでした。いずれにしても、取引銀行からこれ以上の融資は、誰をもってしても不可能なことは明らかでした。そのため、退職を希望されたことを社長も承知していました。

会長　私たちの仕事は、製品の開発・製造に2か月近く掛かりますので、仕入れから納品・入金までに半年近くを要することもあります。したがって、この間の運転資金が必要になるのですが、専務は「こんな製品を開発します」という計画書を金融機関に示して借り入れを行ってくれていました。そういう意味では彼がいたからこそ事業が続けられたわけで、本当に感謝しています。

藤原　倒産の危機をどのような気持ちで受け止めましたか？

会長夫人　私自身は零細企業だった創業当時の精神に戻り、たとえ規模を縮小してでも会社を存続させたいと思いましたね。そうすることで、従業員たちを少しでも守りたかったのです。

藤原　そんなときに取り引きのあった信用金庫から再生支援協議会のことを教えられたのですね。

会長夫人　再生支援協議会の詳細はわかりませんでしたが、タイミングよくいただいた提案だったので、会社再生を指導してもらえるならば、ぜひお願いしたいと思いました。

みんなが応援した再生スキーム

藤原　御社の再生では、4年という長い期間を掛けましたが、この間、会長と奥様には何度もご足労いただき、大変だったのでしょう。

会長夫人　私たちよりも、毎回、同席されていた金融機関の方々に申しわけなかったですね。皆さん、お忙しく、ときには小走りで会議室に駆け込んでこられることもありましたから。藤原さんをはじめとする協議会の方々には、こちらの対応が不十分でお叱りを受けることもありましたが、何度も励ましていただき、そうしながら徐々に具体的な計画をつくりあげていくところに、やはり専門家は違うと感心しました。

藤原　私が感動したのは、関係する誰もが再生を応援してくれたことでした。金融機関があんなに長いあいだ待っていてくれただけでも驚きです。

会長夫人　金融機関はもちろん、取引先にもいろいろな面で協力していただき、感謝の気持ちしかありません。何より力強かったのは優秀な社員が何名も再生に力を貸してくれたことで、今でも彼らは中心になって会社を支えてくれています。

技術力だけではビジネスを育てられない

藤原　検査機のビジネスというのは時代による浮き沈みが大きいのですか？

会長　まだ世の中にない新しい製品を開発できれば、一気に市場を拡大できます。検査機の業界では、優秀な技術を駆使した製品を作れば、大手企業に喜ばれます。

社長　ただ、いい製品が必ずしもいいビジネスになるとは限らず、そのころ検査機の販売を代理してもらっていた会社とのあいだでトラブルがあり、しばらくごたごたしていたところ市場の状況が変わってきてしまいました。他社も同じような製品を出すようになり、優位性が失われていったのです。

藤原　そのようなことはメーカーでは必ず起きますね。

会長　そのあいだにも画像による外観検査機のような新製品は開発していたのですが、営業の理解が得られずまったく売れなかったのです。そうこうしているうちに、負債が膨らんできました。

藤原　相談を受けたとき、負債の金額を見た印象では、私もかなり厳しいと思いました。しかし、事業DDを進めるうちに、技術力をうまく活かせば仕事を広げていくことは可能だと考えるようになったのです。

社長　再生にもっとも大きな力となったのは、自動車部品メーカーに検査機を納められるようになったからです。自動車も電子化が進み、標準の基板から超微細な電子部品まで検査する必要性が高まったことからそのような装置を探しており、うちに打診が来たのです。

藤原　**それはありがたいですね。**

社長　ただ、それも簡単にはいかず、自動車業界が品質などに厳しいことは知られていましたから、社員たちはほとんどが反対でしたね。最後はほぼ独断で開発を決め、私自身が3か月間ほど顧客のところに駐在して注文に応じた検査機を完成させたのです。

会長　私は会社に残り、開発の指揮を執りましたが、ここまで顧客に寄った製品づくりは初めてだったので、いろいろ勉強になりました。

社長　実績ができたことで、その後、さまざまな製品を自動車部品業界に販売できるようになり、ようやく軌道に乗ってきたかたちです。

藤原　**事業に明るい兆しがあったから金融機関もこんなに長く待ってくれたわけで、私たちを含め、皆が応援するという理想的な再生スキームになったと思っています。**

インタビューで進行役を務めてくれたのは会長夫人で、彼女は再生スキームのあいだも中心になって社内をまとめてくれた功労者ですから、状況は一番わかっているようです。

一方、会長は途中で席を外したと思ったら、自分で開発した部品や治具を持ってきて、うれしそうに説明してくれるなど、技術一筋なのは変わらないですね。一生、現役でいたいという信念には頭が下がります。

そして、今も会長を立てながら、足りないところを補うと同時に、自分らしい技術者像を追求しようとしている社長の熱意には感動しました。冷静に会社の現状と将来を分析し、今後の課題を語る姿は立派な経営者であり、力強く思えました。

第五章

再生ケーススタディ 4

「王道を進む」決断力
誠実な人柄が仕入れ先と銀行を動かす

D石油株式会社は東京とその近郊で多くのガソリンスタンド（ＳＳ：サービスステーション）を運営する独立系の燃料販売会社です。ピーク時には29店舗を構え、エリア最大手として地域経済に貢献してきました。

驚くのは社歴の長さです。最初に商いを始めたのは戦前の１９３０年代だそうで、今のようにたくさんの自動車が走っている時代ではありません。それでも創業者はモータリゼーションの可能性を感じたのでしょう、国道の横にドラム缶を置き、手回しポンプで燃料の販売を行っていました。

太平洋戦争に突入するとガソリンや軽油は政府による配給制になりますが、それらを取り扱うことで商売を続けます。その成果は戦後の復興・成長期に現れ、事業を拡大していきながら、今につながる経営基盤を整えていくのです。

三代目である現社長が経営を引き継いでからは、洗車や車検、カーリースといった新しいビジネスにも積極的に進出していき、急成長を遂げます。その後、社長は全国的な燃料販売会社の団体で要職を歴任するなど、業界の発展にも尽くしているのです。

90年近くにわたって事業を続けてきたD石油ですが、その間には紆余曲折がありました。最大のピンチはバブル崩壊後に次々と訪れます。消費の低迷による自動車燃料市場の冷え込み、石油製品の輸入自由化、給油のセルフサービス化、異業種の参入などあり、収益性が悪化していきました。客足の減ったSSでは少しでも売上を確保しようと値下げ競争に走りました。その結果、D石油でも収益性が悪化していったのです。

加えて、バブル期に始めた不動産賃貸事業が失敗に終わり、それによる多額の負債も経営を圧迫していました。つまり、事業面でも財務面でもピンチを迎えていたのです。

それにも関わらず、D石油の社長はあきらめることなく生き残りの方法を模索していきました。幸い、元売りである大手石油会社との関係は極めて良好だったことから、さまざまな支援を受けて経営改革を進めます。たとえば、12物件あった賃貸用不動産のうち二つを売却してキャッシュフローの改善を図ったほか、特に収益が下がっていたSSを一気に13店舗閉鎖するという大鉈を振るったのです。

これら一連の再建策により収益構造は著しく改善し、経常利益は黒字が続くようになりました。この間、周囲では多くのSSが経営難を理由に次々と閉店・倒産しており、そういった厳しい環境を考えたとき、D石油が事業を続けられたということは、社長の経営手腕が優れていたということなのでしょう。

しかし、経営者が自力でできるのはここまででした。バブル期の負の遺産はあまりに大きく、過剰債務による金利負担が経営を圧迫していたことから、根本的な解決には至っていなかったのです。

社長への人物評価が支援決定のポイントに

D石油の社長が私たちの事務所を訪れたのは2004年5月のことでした。背中を押してくれたのはメインバンクです。

さっそく話を聞いたところ、そのころは16店舗のSSを運営し、売上は70億円ほどありました。営業利益も3億円以上あり、従業員40名規模の会社としてはそれほど悪い数字ではありません。

ところが、バブル期の過大投資による負債はやはり大きく、賃貸用不動産への投資によって生じた含み損は約16億円、債務超過額は17億円程度になると考えられたのです。

当時の借入金の状況は、総額で78億円のうちメインバンクが約56億円で全体の7割ほどを占め、サブバンク以下は22億円程度となっていました。担保となっている不動産の価値が約24億円でしたので、差し引き54億円が無担保での借入でした。これをどう処理するかが、再生計画のポイントになります。

最初の面談で受けた印象では、社長の経営手腕は非常に高く、再建を任せるに足る人物だと思いました。また、元売り石油会社もさまざまなかたちで支援を続けており、本業のSS事業が順調に黒字を続けているのも好材料です。

さらに、再生支援協議会を紹介してくれたことでもわかるように、メインバンクは債権放棄をする覚悟があると見ていいでしょう。したがって、あとはサブバンク以下を説得することができれば再生は十分に可能です。

そう考えて、すぐに正式な次のステップである再生計画策定に進むことを決めました。

■計画のブレーキとなる二つの不確定要素

面談を終えた段階で私たちが描いた再生イメージは、「事業面の見直しによるさらなる収益性の向上＋金融機関による10億円程度の債権放棄」というものでした。非常にわかりやすい図式なのですが、ただ、この方向にハンドルを切るには、まだ不確定要素が多く、とても断定はできません。

第一の不確定要素は、売却を予定している不動産の評価でした。たとえば、賃貸用のオフィスビルは立地や広さだけでなく、建物の性能やそのときどきの需給関係などによって価格が大きく上下するので、売却によって得られる資金を正確に予測することができません。しかし、この金額は再生プランの策定に大きく影響してくるだけに（売却価格によって金融機関に要請する債権放棄の金額が大きく変わってきます）、簡単には結論が出せなかったのです。

第二の不確定要素は金融機関の動向でした。今後の交渉は債権放棄の話が中心になっていくわけですが、その金額や、金融機関ごとの負担割合をどうするかによって、調整が難航する可能性があります。したがって、ここでも、正確な数字が決まってからでなければ動けなかったのです。

事業計画は「松竹梅」の3種類を用意

そんなことから、まずは事業DDと財務DDを綿密に行うことにしました。加えて、売却する可能性のある不動産約20物件に関する鑑定評価を実施し、計画づくりの土台を整えておくことにしたのです。結成した個別支援チームには、統括プロジェクトマネージャーである私とサブマネージャー、弁護士、公認会計士といった通常のメンバーに加えて、ガソリンスタンドの事業に精通した中小企業診断士に加わってもらうことで、万全を喫しました。

約1か月後、DDの結果がまとまります。

事業DD

元売りが熱心に経営指導を続けてきた結果、事業面では改善すべきところはすでに自助努力がなされ、収益性は問題のないレベルに回復している。しかし、この業界は原油価格の変動などの外部要因によって経営環境が大きく影響を受けることから、事業計画の作成は難しく、債権者である金融機関を納得させられるだけの数値目標などを示すことができない。

財務DD

海外（アメリカ）における事業の清算に伴う損失額の明確化と、不動産投資ごとの資金調達経緯を明示した。これは、窮境に至った原因である不動産投資に関する貸し手責任を金融機関に伝えるための重要な作業。つまり、金融機関との交渉に備えての下準備である。

財務DDのところに海外の事業とあるのは、アメリカで運営していたSSのことです。社長のインタビューにあるように1980年代に設置され、当初は順調に黒字を出していたのですが、このころは不採算になっており、経営の足を引っ張っていたので、清算をする必要がありました。

DDの結果を受けて、私たちは再生イメージの再検討を行います。

実質債務超過と過剰債務との状況から金融機関による債権放棄は不可欠であるものの、その金額を算定する根拠となる事業計画は、原油価格の変動などの不安定な要素が多すぎて、今後の動向を絞り切れません。そこで今回は、計画の上振れと下振れを考慮した3種類のメニューを用意することにしました。寿司や鰻重の「松竹梅」と同じですね。

一方、財務面ではDDで得たデータをもとに金融機関別の「不動産投資への関与と影響の度合い」をまとめ、それをベースに金融機関別債権放棄要請額の試案（第一次金融支援案）を作成しました。それを叩き台にし、あとは各金融機関の意見を聞きながら、納得できる結論に導いていくつもりだったのです。

再生イメージが固まったことで、具体的な交渉が始まります。最初に行うのは、D石油の社長に対して事業および財務の再生計画を説明し、了承してもらうことでした。

実は中小企業の再生スキームにおいて、この段階から挫折することがよくあります。金融機関に債権放棄をお願いする以上、オーナー一族にも私財を投げ打ってもらう必要があるのですが、実際にそういう提案をされると、すぐに納得してもらえることは少なく、説得に時間が掛かるのです。

ところが、D石油の社長はリーダーシップのある経営者として知られているだけに、決断が早く、非常にスムーズに話は進みましたね。抵抗したり、反論したりすることは一切なく、「藤原さんたちがまとめられた内容でかまいません」と二つ返事で承諾されたのです。

その後の交渉でも、社長は常に紳士的に対応してくれており、そんな人間性と経営者としての姿勢が元売りやメインバンクからの厚い信頼につながっていたのではないでしょうか。

D石油の再生スキームでは、社長本人だけでなく母親や親族などからも私財を提供してもらう必要があり、普通なら一悶着ありそうな状況でした。当然、社長も頭を悩ましたはずですが、そんな素振りを私たちの前で見せることは絶対になく、身内への説得もすべてご自身で行ってくれたのです。

■金融機関との話し合いで難航が予想される理由

続いて金融機関との話し合いに移ります。これに関しては、二つの理由で難航が予想されました。

第一の理由は燃料販売業界に特有のものです。金融機関は債権放棄の条件として、絶対に二次破綻しないという裏付けや根拠を求めてきますが、前述したように原油価格という不安定な外部要因が大きく影響するこの業界では、自社単独での対策が難しいのです。このため、元売りの石油会社から何らかの「支援」をもらう方法を検討しました。

ちなみに、この点についてはメインバンクも同様の心配をしていて、ある方法を期待していたようです。それは、D石油を元売り石油会社の100%子会社にするというものでした。それが実現すれば、まったく問題なく債権放棄に応じるというのです。魅力的な提案ではあるものの、そんなことをすれば、すべての経営難のガソリンスタンドは元売り会社の直営となってしまうでしょう。さすがにこの提案には無理があります。とても現実的とはいえません。

そこで、D石油の社長の了解を得た上で、私たちが元売り石油会社を訪問し、再生計画について相談することにしました。すると、彼らとしても支援の意思は十分あり、銀行が債権放棄をしてくれればちゃんと責任は果たすと、誠意を持って答えてくれたのです。ただし、さすがに子会社にすることはできないと、はっきりいわれてしまいましたが。

ここまでの状況を整理しますと、金融機関も元売り石油会社も再生支援には極めて前向きであることがわかりました。そういう意味では問題がなさそうに思えるのですが、実はそんなに簡単ではないのです。

このパターンの場合、要するに、どちらも「そっちが先に支援してくれたら協力する」といっているのですから、ヘタをすると、睨み合ったまま一歩も前に進めないといった事態に陥ります。その解決は、案外、面倒です。

気持ちはわかります。たとえば、金融機関が債権を放棄したのに、元売りが約束通りの支援をしないで二次破綻してしまえば、担当者は厳しく責任を追及されるでしょう。逆もまた然りで、その結果、お互いに「裏切られるかもしれない」という不信感が生じてしまうのです。

民間のコンサルタントだったら両者のあいだを取り持つのはかなり難しいでしょうが、幸い、こういう場合に力を発揮するのは再生支援協議会の置かれている「立ち位置」になります。私たちは企業の味方でも金融機関の味方でもなく、公正中立な立場で再生支援事業を行っているのですから、信頼を得やすく、仲介役を務められるのです。

しかも、東京都の再生支援協議会は東京商工会議所がやっているので、これ以上ないくらい信頼できる仲介役です。そういった立場を最大限に活かし、今回は金融機関と元売りのどちらにも保険が掛かるようなかたち、具体的には「再生支援協議会から提案された其々に対する支援要請をお互いが受け入れることを前提に検討する」、つまり「停止条件付」で支援を検討することを提案し、無事、了承されました。

金融機関との話し合いで難航が予想される第二の理由は、金融機関側の問題です。それぞれ思惑は異なるでしょうから、すぐに足並みが揃うとは思えません。特に債権放棄の割合については、メインバンクとサブバンクが自分たちの負担を少しでも減らそうとバトルを繰り返すケースがよくあり、今回もそれが懸念されたのです。特にこのメインバンクとサブバンクは仲の悪さで有名な金融機関同士なので、なおさら懸念材料でした。

そこで、周到に準備した第一次金融支援案を提示して各金融機関に打診したところ、メインバンクはすぐに了解したのですが、残りの2行の対応は、やはり反対でした。

2番目に融資シェアが多いサブバンクの場合、私たちが行った調査と分析の内容については「よく考えられた提案であることは理解する」と評価してくれたものの、回答については「いったん持ち帰って検討する」と保留したのです。そして後日、こんな内容を伝えてきました。

「当行が融資した投資物件はすでに売却済みであり、その売却損による税効果まで支援割合の計算に反映されていないので了承できない」

たしかに一理あるものの、まるで重箱の隅をつつくような話であり、「そこまで考える必要はあるのか?」と、正直あきれましたね。それでも、理論的には間違っている主張ではないことに加えて、このようなやり取りは交渉においては付きものでもあるので、一応聞いておきました。

一方、融資シェアが3番目の銀行は「当行は不動産投資には関与していないので、他の2行と同じ債権放棄を求められるのはおかしい」と主張してきます。いろいろ面倒なことになってきましたが、それでも、各金融機関の本音や手の内が見えてきたことは一歩前進であり、徐々に方向性は絞られていきました。

■DESを活用した革新的な二次破たん防止策

こうしているあいだにも再生計画の策定作業は進んでいきます。

「松竹梅」の3種類の事業計画は、中間である「竹」を採用しました。つまり、景気や原油価格などの外部要因が大きく変わらないという前提のものを、まず示しました。

しかしそれだけでは金融機関は納得しないでしょうから、事業が下振れして「梅」の想定になったときにも耐えられる金融支援を構築しました。それは、原油価格の変動などによってD石油の業績が大きく悪化したときには、元売り石油会社の子会社とすることで二次破綻を防ぐというものです。それなら、誰も不幸にはなりません。

この仕組みを詳しく解説しましょう。まず、金融機関には債権放棄を要請するのですが、一方で元売り石油会社にはD石油からの仕入代金（買掛金）の1か月分を株式に振替えてもらうデット・エクイティ・スワップ（DES）*をお願いしたのです。

買掛金から振替えた株式は、決められた期間が過ぎると配当金支払いのようなかたちで利益から償還（返済）する取り決めにしました。したがって、D石油の業績が計画通りもしくはそれ以上に順調に推移すれば、計画通り償還されていき、期限には株式はゼロになります。もし収益が悪化して計画通りの償還ができなかった場合には普通株に転換するというオプションを付けておけば、結果的にD石油は元売り石油会社の子会社となっていくわけで、二次破綻の不安は払拭されるのです。

すばらしいアイデアだと思ったのですが、あまりに突飛な内容だったことから、初めて説明を受けた元売り石油会社はかなり驚いていましたね。それでも、再生支援協議会すなわち東京商工会議所からの提案ということもあり（と信じています）、誠実に検討すると約束してくれたのです。その後、監査法人のチェックも受け、正式に社内で了解されました。そうなると、あとは金融機関の合意を待つだけです。

これらの状況を受け、私たちは第二の金融支援案を金融機関に最終案として提示します。内容としては、不動産投資に関係した上位2行には債権放棄をしてもらい、残りの1行は不動産投資に関与し

Keyword

デット・エクイティ・スワップ（DES）

貸借対照表の右側の負債の部にある借入金を同じ右の下の資本の部の資本金に振替える（スワップ）こと。会社再建のツールとして利用されるのが一般的である。増資の一種であり、自己資本が増強され債務超過の解消には極めて有効なツールであり、債権放棄と並んで抜本的な再生手法とされている。また、普通の株式ではなく、当社が採用したような、議決権を有さない代わりに返済していくような「種類株」と呼ばれる特殊な株式に振替えることが多い。

ていなかったことに加えて融資シェアも低かったことから、デット・デット・スワップ（ＤＤＳ、劣後ローン）*による支援を求める内容にしました。この金融支援案が、実質的かつ総合的に見て、もっとも衡平性がある提案であると考えたからです。

なお、サブバンクからの意見である税効果までは反映させませんでした。

予想外だったサブバンクの抵抗

かなり自信を持って作成した最終提案であったため、すぐに合意が得られると期待していました。ところが、回答期限の直前、サブバンクから電話があり、こう告げられたのです。

「債権放棄額には納得し、そのロスは受け入れるが、当行としては債権売却というかたちで対応したい」

思わず聞き返しました。

「再生計画に対する同意書を出した上での債権売却ですよね」

Keyword

デット・デット・スワップ（DDS、劣後ローン）

DESと異なり、同じ借入金でも「劣後ローン」と呼ばれる特殊な借入金に振替えるもので、中小企業の会社再建のツールとして利用されることがある。極めて不正確な説明であることを断った上で、簡単にいえば、「借入金を免除はしないが、出世払いとすることを認める」という金融支援のことである。

「いえ、同意書面は出しません。同意しないで売却します」

つまり、納得した損失額だけディスカウントした金額で、D石油の債権をサービサーに売却するというのです。そうなると、私たちはその売却先と新たに交渉しなければならず、作業はどんどん遅れてしまいます。

正直なところ、「なんでこんな意地悪をするのだろう」と憤りましたが、ここで文句をいっていても先には進みません。その日は別件で懇親会の予定が入っていたので、多少、複雑な想いはあったものの、気分を変えて楽しむことにしました。

お酒が入って気持ちを切り替えられたのがよかったのか、その夜、家に戻ると新しいアイデアが浮かびます。それは、サブバンクの持つ債権をいったんRCCに売却してもらい、翌日、オーバーナイトでメインバンクが肩代わりすればいいという考えでした。そうすれば、売却を望むサブバンクの面子は立ち、なおかつ債権をメインバンクに一本化できるので再生計画の枠組みを崩さないで済みます。

善は急げと、翌朝、すぐにメインバンクに相談したところ、内諾が得られたので、その足でRCCに飛び込みました。私の説明に担当者は納得し、「前向きに検討してみます」

との一言にほっとします。

ここまでは順調でしたが、このやり方には、一つ問題がありました。それは、サブバンクの持つ債権の中に信用保証協会が保証した融資があったことです。これは、RCCの制度上、同じ対応はできないことを意味します。

しかし、ここであきらめるわけにはいかないので、私は信用保証協会に足を運び、「保証を継続したまま保証先の銀行をメインバンクに変更できないか」と相談してみました。相談された方は「それは無理でしょう。やったことがない」と難色を示したものの、それでも全国の他の協会で前例がないか調べてくれると約束してくれたのです。その結果、なんと同様のケースが発見され、可能だという連絡がありました。

さんざん走り回った結果、サブバンクに逆提案できる材料が揃ったので、いよいよ交渉に移ります。

当然、最初は激しい抵抗の連続です。それはそうでしょう。この銀行が素直に債権放棄に応じなかったのは、私たちとメインバンクが主導するD石油の再生スキームを邪魔したかったからというより、メインバンクへの嫌がらせなのですから、素直にいうことを聞くはずはありません。改めて「債権は入札によって売却する」と主張してきたのです。

しかし、考えてみればこれはおかしな話で、なぜそこまでして売却にこだわるのか、彼らの論理的な説明ができなくなっていました。そこで、私たちは何度も何度も粘り強い交渉を続け、譲歩を迫ります。

すると、最後には根負けしたのか、「上司の了解が得られた。RCCへの売却であれば了解する」との回答を得ることができたのです。おそらく、これ以上、意地を張ってもしょうがないと判断したのでしょう。

これによってすべての再生計画が仕上がったことになり、ようやくゴールに向かえます。再生支援協議会のアドバイザーである弁護士に追加報告書を作成してもらい、新しく債権者になるRCCの同意書もいただき無事に計画は成立しました。手続きは非常に煩雑で大変だったものの、最終的には年度末ぎりぎりで合意を成立することができたので、結果オーライだと思っています。

かなりトリッキーな手法で債権の付け替えをしたことから、税務上の懸念を払拭するため、正式な書面を作成して国税局に相談に行きました。事前に綿密な準備をしていたこともあって、「非常に丁寧な計画と対応であり、税務上も問題がない」というお墨付きをいただき、会社と金融機関だけでなく私たちも歩んできた道が正しかったと実感したのです。

さまざまな苦難を乗り越えて成功した再生スキームでしたが、振り返ってみると、いろいろ学ぶこともあり、経験を積むという部分では意義のあったプロジェクトではなかったかと思っています。新しい取り組みは、すべて次のノウハウにつながります。

残した不動産が発揮した効力

今回のD石油の再生スキームが無事にゴールにたどり着けた理由は三つあったように思います。

第一は社長の誠実な人柄です。銀行とハードな交渉をするときも、私財提供などで身近な人を説得しなければならなかったときも、いつも紳士的な態度で、感情を表に出すことなく取り組んでくれました。そういった真摯な姿勢が一緒に走る私たちの安心感につながり、困難な課題にも挑戦していけたのだと思います。

第二は元売り会社の柔軟な姿勢です。再生スキームでは前例のない制度の利用など、初めての手法を使うことがありますが、この会社はいつも「社内で検討します」と前向きな姿勢を見せてくれたのです。

そして第三が、最後に書いた信用保証協会の親身な対応でした。公的機関のスタッフは

「前例がないからできません」という木で鼻をくくったような回答をすることが多い中、親身になってこちらのことを考えてくれたのですから、本当に感謝しています。

経営上の懸念がなくなったことで、その後のD石油が順調に事業を拡大していったのはいうまでもありませんが、おもしろいのは、会社がうまくいくと環境まで変わり、あらゆることが好転していくという点です。

再生直後の2006〜2008年にはミニバブルといわれた好景気になり、不動産価格が上昇します。当初、すべての賃貸用不動産を売却する予定だったD石油ですが、元売り石油会社からのアドバイスを受け、一部を売却せずに保有していたのです。不動産賃貸事業は安定したキャッシュフローが得られるため、資金繰りの面では助かると考えたからでした。

その結果、不動産が値上がりしたタイミングで有利に売却することができ、その利益によって残っていた借入金の大半を返済することができたのです。そして、実質的に無借金経営となったD石油はさらに業績を伸ばし、元売りに支援してもらった償還条件付きのDESも無事に全額償還することができました。

今や、地域の優良企業として活躍しているだけでなく、全国の燃料販売会社の規範となる存在にまでなったD石油は、バイタリティあふれる社長の下、これからも発展していくのではないでしょうか。

再生支援企業再訪記

経営改革に熱心であることは再生可能企業の判定基準です

D石油の社長は会社の経営だけでなく、全国的な業界団体のトップまで務めており、その行動力にはいつも驚かせられます。今回も、久しぶりにお目にかかってお話を伺いたいと連絡したところ、すぐに私の事務所までご足労いただき、インタビューさせていただきました。

藤原　会社のことだけでなく、業界全体の面倒まで見ているのですから、そのバイタリティには頭が下がります。

社長　SSの経営状況はずっと悪く、今でも廃業が続いていますから、皆で生き残るための戦略を考えていく必要があるのです。

藤原　それは構造的な問題ですか？

社長　そうでしょうね。2000年に石油の輸入が自由化されたことで競争が激化し、さらなる経費削減の目的からセルフのスタンドが増えていきます。しかし、従業員を減らせばすべてうまくいくという話でもなく、安定した燃料の供給を維持していくにはどうしたらいいのか、私たち経営側だけでなく、行政も含めた対応が必要だと考えています。

藤原　ガソリンや軽油を売っているだけでなく、ドライバーに対する総合サービスを提供していくのも重要ですね。

社長　その通りです。いわゆる油外事業の比率を増やしていくことで安定した経営を行うことが、多くのＳＳに求められています。このため、当社でも従来の洗車に加えて、その効果が長持ちする特殊なコーティングを行っているほか、車検やカーリースなど、自動車を利用する人が必要とする多様なサービスを提供していこうとしています。

藤原　多角化は経営を安定させますからね。

社長　ガソリンや軽油の販売は、そのときの景気や原油価格の影響を受けて上下しやすいのですが、油外事業はお客様の支持が得られれば安定した売上が期待できますから、そういう意味でも重要なのです。

藤原　油外事業は今後も増えていきそうですね。

社長　ただ闇雲に多角化してもだめで、しっかりした戦略を持つ必要があります。たとえば洗車でいえば、アメリカ式の自動化されたドライブスルーのような方式もあれば、店員の手作業による丁寧な仕上がりを売りものにする方法もあるでしょう。どちらがいいかは、立地や客筋などによって変わってくるので、正しい選択が重要です。うちの場合は手洗い洗車が多いのですが、店員が接客することで特殊コーティングの利用を促せますから、かえって収益性は高くなっています。ちなみに、このコーティングは1万円で1年間ほど車をきれいに保てるので、お客様にとっても経費節減につながることが多く、人気がありますね。

藤原　新しいサービスに力を入れようと考えたとき、注意することはありますか？

社長　ＳＳのビジネスでは、ついつい立地ばかり考えがちです。たしかにガソリンや軽油を販売しているだけなら、自動車が多く通る場所が圧倒的に有利ですし、派手なサインボードなども有効でしょう。一方、油外事業に関していえば、飛び込みで入ってくるお客様は少なく、じっくり比較した上で利用する店を選びます。したがって、サービス内容や価格面の強みなどをインターネットなどでしっかり告知していけば、立地以上の営業効果があるのです。

社長になる気はなくアメリカで暮らしていた

藤原　社長のお話を伺っていると、いつも「立派な経営者だなぁ」と感心するのですが、先代であるお父様からそういった教育を受けてきたのですか？

社長　実は、まったく違うのです。私は次男だったので家業のことは兄に任せ、大学時代からアメリカで暮らしていました。そのまま永住してもいいと思っていたほどです。そんな事情から親父が「アメリカでもガソリンスタンドをやるぞ」と言い出し、用地買収から開店まで任されたのがこのビジネスに携わるきっかけです。

藤原　商売は順調だったのですか？

社長　オープンは１９８０年ごろでしたが、地元のお客様だけでなく日本からの旅行者にもよく利用していただき、かなり安定していましたね。日本人がやっているスタンドだということは知られていたので、空港でレンタカーを借りた人にとっては立ち寄りやすかったのではないでしょうか。

藤原　常連のお客様も多かったのですか？

社長　バブルのころは頻繁にアメリカを訪れて豪遊するお金持ちが多く、そういう方々にも贔屓にしてもらえましたね。個人的にもけっこう気に入られていたようで、毎晩のようにお誘いを受けていた時期もありました。

藤原　そこまでうまくいっていたのであれば、そのままアメリカに留まりたくなりますね。

社長　そのつもりだったのですが、兄が若くして亡くなってしまったため、急遽、帰国することになったのです。それが1991年のことでした。

藤原　まだバブル崩壊の影響が少ないころですね。

社長　海外にいたせいで、そのあたりはよくわかっていませんでした。しかも、帰国直後は、まだ父も元気でしたので、私が経営に携わる必要はなかったのです。それでも、少しずつ仕事を増やし、徐々に引き継いでいく感じでした。そして1997年に社長就任、安心したのかその年に父は他界しました。

藤原　そのころには、経営状況はかなり悪くなっていましたね。

社長　銀行からの取り立ては厳しく、利払いだけを続けながら、なんとか息だけはしているといった状態でした。代々立派に続いてきた会社を私の代で潰すのかと、考え込んでしまいましたね。

藤原　バブル期に購入した賃貸用不動産が不良債権化していましたからね。

社長　それに関しては親父の経営判断ミスなのはたしかですが、ただ、あのころの金融機関はかなり異常でしたよね。どう考えても収益性のない賃貸用不動産を融資込みでじゃんじゃん勧めてきたのですから。

藤原　アメリカのSSも、そのころは経営上のお荷物になっていましたね。

社長　私がいなくなったことでそれまでのような商売ができなくなっており、どこかで処分する必要がありました。

再生支援協議会を信用できると感じた一言

藤原　ついには窮境状態に陥り、私たちのところに相談に来られたのですが、紹介してくれたのはメインバンクでした。

社長　再生支援協議会のことは名前だけは知っていたものの、実態はよくわかりませんでした。ただ、お目にかかった藤原さんが、我が社が苦しくなった原因を説明したときに、「それは明らかに銀行が悪い。貸し手責任を取ってもらいましょう」といわれたのです。その時、この人は信頼できると安心した覚えがあります。

藤原　自分の会社がどうなるかわからないのですから、不安に思うのは当然ですよね。

社長　最初に藤原さんからは、再生できる会社とできない会社があるとはっきりいわれました。それだけに、再生支援が決まったときはうれしかったですね。

藤原　元売りの指導もあって自助努力でリストラを推進してきていたので、事業面をさらに見直していけば収益性は向上していくと考えられたのが大きな理由です。

社長　経営が苦しくなっているのに何の対策もない会社はだめだということですか？

藤原　事業DDと財務DDを進めていくと、再生できる会社とできない会社は明確に区別できます。D石油の場合は経営者に再生したいという明確な意思があり、しかも私財を投げ打つ覚悟もあったので、再生支援の方針はすぐに決まりました。元売りやメインバンクの支援が受けられることも大きなポイントです。

社長　再生についていえば、多くの関係者にご協力いただいたことがすべてであり、感謝するしかありません。その想いに応えるためにも、事業を成功させていかなければと思い続けてきました。

藤原　そういう真面目さが、再生後の不動産価格上昇という幸運につながったのだと思いますよ。

社長　収益性があるので残しておいた賃貸用不動産の価格が上がり、残っていた借金をすべて返せたのですから、本当に恵まれていますよね。ただ、それを喜んでいるだけではだめで、経営者である限り、常に黒字を維持するために知力も体力も使い切ることが責務だと思っています。

現在でも全国規模で減っていくガソリンスタンドですが、社会にとって必要なインフラでもあるのですから、安定した経営ができるような支援はこれからも必要でしょう。そういう意味でもD石油の事例は役に立つし、私たちも微力ながら、この業界の発展に寄与できることを考えていきたいですね。

第六章

再生ケーススタディ 5

1社を守ることが、地域の発展となる

観光地特有のバランスという支柱

飲食店を営む株式会社E社は、都内でも屈指の観光地となっている古い参道の中にあります。いつも賑わっている町の中で250年近くにわたり川魚料理を提供しており、風情溢れる店内は有名な映画の撮影にも使われたことがあるほど。現在は十代目にあたるご主人が社長を務めており、昔ながらの変わらぬ味を守っています。

■窮境原因はバブル時に計画した新館建設

そんな「歴史ある商店街のシンボル」といえる老舗であっても、経営の道を誤ることがあるのです。1993年、参道と反対側に持っていた土地に、主にメインバンクからの融資による約8億円を投じて新館を建築しました。オーナー一家の住まい兼宴会場として、かなり立派なビルにしたのですが、完成したときには、すでにバブルは弾けて客足は遠き始めており、金融機関への返済が苦しくなっていったのです。特に、企業などの宴会利用が急激に減ったことで、年間8億円近くあった売上が、最終的には2億円台にまで落ち込んでしまいました。完全に赤字転落です。

それでも、九代目にあたる当時の社長と親族たちは、その危機を何とか乗り越えようと、金融機関の指導を受けて経営改善を進めていきます。さまざまな努力を続けた結果、わずかながらでも黒字を計上できるようにはなったのですが、残念ながら、それも焼け石に水でした。大幅な債務超過が経営を圧迫しており、窮境を抜け出すことができなかったのです。

■地域のシンボルは絶対に守りたい

苦しい経営を続けるE社を支えていたのは、メインバンクである地元の信用金庫でした。総額で約11億円あった借入金の95％はここの融資によるもので、実質的な一行取引だったのです。

その信用金庫からの勧めで、社長（九代目）と長男、そして長女（妹）とその婚約者の4人が再生支援協議会に相談に来られたのは、2003年12月のことでした。話を伺うと、わずかな黒字を出してはいるものの経営状況はまったく好転しないことから、ツテを頼って弁護士に相談し、一時は民事再生（法的整理）の準備までしたそうです。しかし、メインバンクの信用金庫が民事再生法の利用による企業再建に賛成しなかったことから話し合いは進まず、最終的に信用金庫の方から「再生支援協議会に相談に行ってはどうか」と打診されました。

信用金庫が民事再生に賛成しなかったのは、地元のシンボルでもある老舗の料理店がなくなれば、地域への影響が大きいと考えたからです。地場の金融機関にとって、長く取り引きのある会社を倒産させたとなれば、イメージダウンにつながるでしょう。

さらに、Ｅ社の仕入れ先の多くがその地域にあり、信用金庫とも取り引きがあることから、もし連鎖倒産してしまったら大変な問題です。そんなことから、「民事再生による閉店」という事態だけは避けたかったのだと思います。もちろん、民事再生法の利用は、再生のための手続きであり、倒産ではないのですが、どうしても「民事再生の申立て＝倒産」というイメージがつきまとってしまうからです。

再生支援協議会の利用による私的な再生であれば、仕入れ先など関係者に知られることなく、金融機関だけで「こっそり」再生できる可能性があります。そんな理由もあり、信用金庫は私たちへの相談をＥ社に勧めたのではないでしょうか。

ちなみに、そのころのＥ社の経営は、黒字ではあったものの、売り上げも利益も大幅に減少しており、すぐに対策が必要でした。しかも、年間の売り上げが２億円台であるのに対して、不動産担保分の３・５億円を差し引いた無担保借入額は７億５０００万円に上り、状況はかなり逼迫しています。

それでも、ポジティブな評価をできる点が、いくつかありました。

一つ目は、民事再生まで覚悟していただけあって、経営者一族の再生意欲と責任感の強さを感じられたことです。抜本再生を行うには経営者にも私財を投げ打つ覚悟をしてもらわなければなりませんから、この点は非常に重要でした。逆にいえば、意欲も覚悟も感じられない経営者しかいない企業であれば、再生は難しいということです。

二つ目に、社長のご子息たちがそれまでも経営の改善に取り組んできたという実績も高評価の対象でした。再生スキームにおいては事業の見直しが不可欠ですから、その経験がすでにあるというのは、大変、心強かったですね。

そして三つ目は、再生支援の姿勢を明確にしていたメインの信用金庫の存在でしょう。個人的にはこの点がもっとも大きな評価ポイントで、信用金庫のトップが「地元のシンボルであるE社は絶対に潰さない」と明言していたようであり、債権放棄に応じる覚悟が感じられたのです。それなら抜本再生が可能であり、道が拓けるでしょう。

以上のことから、私たちはすぐに本格的な再生計画作りへ移行することを決めました。

「観光地だから客は来る」という甘え

翌月、私とサブマネージャー、公認会計士、中小企業診断士、弁護士による個別支援チームを立ち上げ、事業DDと財務DDをスタートさせました。当初の再生イメージでは、事業面のさらなる見直しによる収益の向上と金融機関による債権放棄を前提とすれば、第二会社方式*による抜本再生が可能だと考えました。ただし、メインの信用金庫は私的再生による債権放棄の経験がなさそうなので、場合によってはDESという手法の利用も頭の片隅には置いていました。

やがて、事業DDと財務DDの結果が出ました。

事業DD

新館の増築後は債務超過により新たな資金調達ができなくなっていたため、座敷などの修繕がなかなかできていな

Keyword

第二会社方式

債権放棄を伴う抜本的な再生手法の一つで、典型的なパターンとしては、大幅な債務超過状態で過剰債務を抱えている会社を、適切な再生計画を作成し、全金融機関の同意を得た上で、GOOD会社とBAD会社に分割し、BAD会社を破産もしくは特別清算をすることにより、実質的に金融機関に債権放棄してもらうのと同等の効果を得る手法。中小企業の抜本的な再生手法としては主流となっている。注意すべきは、すべての金融機関の同意を得た上で行わなければならない点。悪質なコンサルタントなどに騙され、とんでもない結果を招く事例もあるので要注意。再生支援協議会やセカンドオピニオンの利用など、くれぐれも慎重な対応が必要である(P84でも解説)。

い状況にある。また、有名な観光地にあることから、「お客は自動的に来る」という甘えた感覚があり、接客に難が感じられる。また、宴会場の稼働率を上げるには、もっと積極的な地元営業が必要。それらを含め、事業面の改善には相当の時間が掛かるものと思われる。

財務DD

老舗であることから、昔のままという事情もあり法人と個人の資産が複雑に絡み合っていて、分離が難しい。このため、再生計画の策定にあたっては思い切った整理が必要になる。

これらの結果を受けて、再生イメージの再検討に移ります。

再検討後の再生イメージ

①第二会社方式による実質債権放棄が適切。新会社に個人所有の事業用資産をすべて移す。ポイントになってくるのは新会社の株主構成などガバナンスのあり方。
②実質一行取引なので、財務面にも留意し、適切な評価などが重要。
③事業面の改善と設備面の投資をどこまで見込むかがポイント。

再生に伴う「人事」を明確に

E社では、民事再生を検討していたころに長女とその婚約者がリーダーとなって事業計画づくりを進めていました。その内容がかなり具体的であったため、当初はそのときの資料をブラッシュアップすれば、そのまま今回の事業計画に反映できるのではないかと考えたのです。

しかし、事業DDによって詳細が見えてくると、事態はそれほど簡単ではないことがわかってきました。宴会場など設備の修繕計画や地域内への営業方法の見直し、従業員の接客技術の向上といった、新たに浮かび上がってきた課題に対して、もっと時間を掛けて検討し、どの程度まで事業が改善できるのか、しっかりと見極める必要があったのです。

もう一つ、再生スキームを本格的に進めるにあたって、はっきりしておかなければならないことがありました。それは「人事」の問題です。経営悪化の責任を取って九代目の社長が身を退くことは当然だとしても、新社長をはじめ、新しい経営体制はどうするのか、事前に決めておかなければなりません。

順当に考えるなら長男を次の社長の候補とするべきなのでしょうが、そうなると、それまで事業改善などのプロジェクトを中心になって進めてきた長女とその婚約者の処遇をどうするのか、あいまいなままでは済まされません。また、退任する先代のポジションも検討事項です。会長として経営陣に留まるのか、あるいは相談役などの責任のない立場になるのか、とにかく、すべてを明確にしておかないと、再生計画になりません。

これらの人事を決定していくにあたっては、経営者一族の意向に従うだけでなく、支援する金融機関の了解を得なければなりません。ところが、このように細かい課題がたくさんあるにも関わらず、E社の代理人を務めている弁護士と信用金庫の関係があまりうまくいっていないように感じたのです。両者のあいだで意思の疎通がうまくいかないと、進行上、支障が生じます。どうするべきか、私は考え込んでしまいました。代理人の弁護士は、民事再生の申立てに向けて、会社の意向に沿ってしっかりと進めてきておられ、特段の問題がある訳ではないのですから……。

ガバナンスを強化する株主構成と金融機関取引の構成

今回の再生スキームの最大のポイントは、実質一行取引であることから、メインの信用金庫との関係を良好に保ちながら、債権放棄による抜本再生を確実に成功させる点にありました。しかも、経営者一族の個人資産はすべて会社と一体であることから、再生のために投げ出す覚悟がありますし、その他、法律的な問題なども特にないことから、金融機関（債権者）と企業（債務者）とが足並みを揃えさえすれば、すぐに私的整理に進めます。

ところが前述したように、代理人弁護士は依頼人であるE社の経営陣とは良好な関係にあるものの、信用金庫とのあいだが今ひとつ、しっくりいっていません。このまま先に進めば、どこかでトラブルになる可能性があります。

信用金庫側から不満の声があがっていたこともあり、私は代理人弁護士との関係についてE社と話し合いました。その結果、お世話になった代理人弁護士には、お礼を述べた上で、ここで区切りを付け、今後は代理人弁護士をお願いせずに進めていくことにしました。

それからは、私たち個別支援チームが経営者側の希望を常に聞きながら、公正中立な立場で金融機関と交渉する役割を担うことにしたのです。

その後の再生スキームは、概ね、再検討後のイメージに沿って進められていきました。第二会社方式であれば、新会社が店舗などの事業用資産を個人から買い取ることにより、すっきりとした形で再スタートを切ることができます。

新会社で再スタートを切る場合、株主構成をどうするのかは、極めて大切な問題です。

税務上の留意点もありますが、何といってもガバナンスをどう働かせるかが重要になるからで、ここでも公正性や透明性が求められました。このため、E社のケースでは、公的ファンドと金融機関にも株主に加わってもらったのです。

ガバナンスを考えた場合、金融機関との取引形態は非常に重要です。事業再生の根本は、窮境の原因を突き止めて、それを除去することにあり、ここを怠ると再び同じ過ちを犯しかねませんから、気をつけなければいけません。

一行取引というのはいい面がある一方、悪い面が出てしまうことも多いものです。そこで、新会社では複数行取引に変えることにし、メインの信用金庫を幹事とするシンジケートローン*を利用することにして、ガバナンスの問題を解決したのです。

事業計画から再生計画へ

こうやって再生スキームの骨格はできたものの、この段階になって

Keyword

シンジケートローン

複数の金融機関が協調融資団（シンジケート団）を組成し、同一条件、同一書類にて融資をする手法で、メインバンクが幹事となって取りまとめるのが一般的。融資契約書の中の「コベナンツ」と呼ばれる制限条項、特約条項を活用するのも、ガバナンス（経営統治）問題の解決手法の一つである。

も、まだ不安材料として残っていたのが事業面の改善です。現状のままでは金融支援の了承は得られないでしょうし、たとえ債権放棄が受けられたとしても再び窮境に陥り、二次破綻に至る可能性があります。

このため、個別支援チームのメンバーでもある中小企業診断士が直接指導にあたり、さまざまなアドバイスを行っていきました。内容はかなり具体的な部分に及びます。

たとえば、接客係の店員に名札を付け、お客様に誰のサービスがよかったか、あるいは悪かったか、アンケートに答えてもらうようにしました。その結果、長年のあいだに染みついた「観光地だから自動的に客は来る」「ほとんどが観光客で一見の客なのだから、リピーターは期待しないでいい」という甘えた感覚が徐々になくなり、愛想のない接客態度を改めることができたのです。

また、地元の宴会需要の掘り起こしも重要であることから、中小企業診断士がE社の人間と一緒になって挨拶回りをするなどの、直接的な指導も行いました。約半年間、月例会議を続けて改善策を作成し、それを反映した事業計画を示した上で金融機関との協議を行ったのです。

その後も話し合いを重ね、結局、事業計画を完成させるまでに1年近くを要しましたが、内容はかなり満足できるものになりました。ここまで来れば、あとは金融支援に向けた再生計画をまとめるだけです。

再生後も経営努力を続けるための工夫が必要

再生計画を作成するにあたって、いくつか細かいことを決めました。

第一は株主として入ってもらう公的ファンドについてで、300万円の出資と役員の派遣をお願いし、無事に了承されます。これにより、新会社のガバナンスが強化されました。

さらに、5年程度のモニタリング期間を設け、この間に債務超過の解消や経営の正常化が実現した場合には、経営者一族に株式の買い戻しを認めるという条項も加えています。つまり、再生自体がゴールではなく、その後も経営努力を続けていけば、元通り、自分の会社に戻せることが約束されたのです。

実はここが重要なのですね。

少し失礼な言い方かもしれませんが、人間は誰しも「頑張るためのニンジン」が必要だと思っています。そういったものが先に見えていれば、一生懸命に努力しますし、工夫もするでしょう。ですから、再生計画を策定するときには、私はいつも「ニンジンはどうしようか」と考えています。

第二の細かい決めごとは、新会社の資金調達に関してのことです。前述の通り、メインの信用金庫を幹事とするシンジケートローンを組むことは決まっていましたが、都市銀行や地方銀行などと異なり、地域金融に徹してきたこの信用金庫では初めての試みであり、不安は隠せませんでした。ついては、メインの信用金庫ともっとも関係が深い信金中金に協力を求めました。信用金庫の系統中央機関である信金中金のサポートにより、シンジケートローンに関する諸問題は解決され、不安も解消されたのですが、このようなケースは珍しかったようで、金融関係者からはけっこう評価さましたね。

観光地では「経営努力＋地域活性」が成功の鍵

E社の再生は事業面の改善に時間が掛かったものの、その他は比較的スムーズに進みました。公的ファンドの導入やシンジケートローンの構築など、いくつか新しい試みも成功させており、これらは貴重な先例として、私たちのその後の仕事に役立っています。

再生後の動向ですが、新会社では長男が社長となり、奥様が若女将として一緒に店を切り盛りしています。バトンを渡したかたちになった長女とその婚約者（今はご夫婦です）は経営からは離れたものの、今でもさまざまなかたちでサポートをされているようで、家族とはありがたく、頼もしい存在だと思いました。また、九代目社長は経営からは引退したものの、引き続き店には顔を出して接客などの手伝いをしており、馴染み客にとっては顔を見たい相手だけに、老舗の看板として大きな役目を果たしてくれています。

歴史ある参道は以前ほど賑わいがなくなっているように感じますが、それでもE社はかなり健闘していて、集客は落ちてはいないようです。ぜひ、このまま順調に経営を続けていってほしいですね。

ただし、観光地の場合は、一つの店だけががんばってもだめで、地域の活気がなくなれば途端に売り上げが落ちてしまいます。したがって、商店街全体で活動していくだけでなく、行政の支援も含めた振興策が欠かせません。

今後は、再生支援協議会としても、そういった活動を何らかのかたちで応援していきたいですね。地域が活性化すれば、そこにいる企業の再生もしやすくなるのですから、目的は同じであり、そういった側面支援も、私たちにとってこれからの課題だと考えています。

再生支援企業再訪記

団体客や外国人観光客の増加で多くのお客様が訪れています

東京の下町にあるE社のお店を久しぶりに訪れてみると、昼時、多くのお客様が食事を楽しんでおり、商売はうまくいっているようで安心しました。観光地としてはピークを過ぎた町であることから、いろいろ心配していたのですが、川魚料理、特に鰻には定評があり、客足は衰えていないようです。宴会の予約も順調に入っているそうで新館の稼働率もかなりいいとか。にこやかに迎えてくださった社長にお話を伺います。

藤原　お久しぶりです。今日はあいにくの雨模様ですが、それでも多くのお客様がいらっしゃるのは、うれしいですね。

社長　ありがとうございます。ここは観光地として規模が大きいわけでもないので訪れる人も限られるのですが、幸い、ゆっくり落ち着いて食事のできる店がそれほど多くないので、お客様の数はそれほど変わっていません。

藤原　**鰻を中心とした限られたメニューで店を続けていくのは大変だと思いますが。**

社長　シラスウナギの漁獲量が減ってきているだけに、いろいろ苦労はあります。幸い、長いつきあいを活かして仕入れのルートは確保しており、商売を続けさせていただいています。もちろん、まったく鰻が捕れなくなったとしたら新たな展開を考えなければいけないのかもしれませんが、現状では、無理にメニューを増やすよりも、強みのあるものをより高い品質で提供できるように心掛けることが重要だと考えています。

藤原　**本業を大事にしたいということですか？**

社長　そうですね。

藤原　**それはご立派な考えですね。十代目として貫禄が出てきた（笑）。**

社長　再生という厳しい道を経てきたことで、少しは成長したのかもしれません。実は僕は30代になるまで登山に熱中していて、ヒマラヤまで行ったほど。ですから、家の仕事にあまり興味はなかったのです。しかし、30代半ばで結婚そして子供を授かり、「そろそろちゃんとしないと」と思い始めたときに今回の再生スキームが始まりました。当初は妹と今のご主人ががんばってくれたのですが、彼女は他にやりたい仕事もあるので私が十代目として跡を継ぐことになり、今に至っています。

地元の信用金庫の支援が再生の力になった

藤原　今日は久しぶりにお会いできたので、再生支援協議会に相談に来られた経緯についいて、昔を思い出して聞かせていただけますか?

社長　経営が苦しくなった直接的な原因は新館を建てたことです。店の裏にはもともと古い家があり、住宅兼宴会場として使っていましたが、あまりに老朽化していたので、規模を大きくして建て替えることになりました。

藤原　そのころは景気がよかったので、銀行もすぐに融資してくれましたしね。

社長　その通りです。バブルだったので宴会場を増やしたいというのと、そのころは存命だった祖父がだいぶ高齢になり、階段の上り下りがきつくなっていたものですから、エレベーター付きにしたいなどと考えているうちに、けっこう立派な建物になってしまいました。それでも、年々、売り上げは増えていたので、大きな借金をしても返せる計算だったのです。

藤原　しかし、バブル崩壊で予定が狂ってしまった。

社長　このあたりは下町なので都心より少し遅れ、新館が完成した1993年ごろから急激に客足が落ちてきたそうです。もっとも、そのころ私は大阪の料理屋に修業に行っており、こっちの経営状況を細かく知らされてはいませんでした。なので、父だけが、毎日、頭を抱えていたようです。

藤原　**それでどういう方針になったのですか？**

社長　新館を売却し、規模を小さくして商売を続けるしかないと考えたものの、それで借金を全部、返せるかどうかわかりません。というのは、不動産を売るにしても、そのためのお金が必要であり、簡単に結論は出せなかったのです。

藤原　**そうこうしているうちに、経営はもっと苦しくなっていったのですね。**

社長　何とか利払いだけは続けていたものの、どうにもならなくなり、民事再生をしようという話になりました。しかし、メインバンクの信用金庫から待ったがかかったのです。参道に面した店まで売ることになったら風景が変わり、地域への影響も大きいですからね。そこで、再生支援協議会を紹介してもらいました。

藤原　**協議会のことはご存じでしたか？**

社長　知りませんでしたが、商工会議所がやっている活動なのだと聞き、安心感はありました。

藤原　**それが縁で私たちが再生に協力させていただくことになったのですが、最大の貢献者はメインの信用金庫でしょうね。最初から、債権を放棄してでも守る覚悟をしており、「再**

生支援協議会に全部、任せるので、何とかしてくれ」と頼まれました。

社長　再生は経営者だけでできることではなく、多くの方々の協力がなければ不可能だということを強く知りました。

営業のプロに教えられたノウハウを活用

藤原　再生は成功したものの、世の中の景気がよくなったわけではないので、経営には苦労されているのではないですか？

社長　観光地というのは1軒の店ががんばったからといって活性化するものではないので、地域の有志による集まりは頻繁にあり、いろいろな振興策を考えています。また、行政が非常に協力的なのも幸いですね。それらがあった上で企業努力をしなければ、効果はありません。

藤原　会社としては、どういうことをされているのですか？

社長　最近では大手の旅行会社のツアーに組み込んでもらい、団体客を積極的に受け入れるようにしています。おかげで、昼間の宴会場の稼働率はかなりいいですね。また、地域営業も積極的に行い、地元の企業が夜の宴会に使ってくれるケースも増えました。

藤原　それはすごい成果ですね。

社長　営業についていえば、最初は私と妻だけでやっていたので、あまりうまくいきませんでした。旅行会社に行っても丁寧に話を聞いてもらえることはなく、パンフレットを置いてくるのがせいぜい。しかし、信用金庫の出身でバリバリ営業をしていた人に入ってもらい、いろいろアドバイスを受けたことで、状況は劇的に変わりました。

藤原　どんな助言でしたか？

社長　旅行会社に営業に行くなら、仕入れや企画の担当者に、直接、話をしないと意味がないとか、そういった具体的なアドバイスでした。

藤原　小さな会社だと、そういったノウハウがなかなかないですからね。

社長　それから私たちもいろいろ考えるようになり、最近では外国人観光客が増えてきたことから、頼みやすいように専門のメニューを用意するなど、いろいろ工夫しています。

藤原　将来に希望が持てそうな話ですね。そうなると、次の代のことも考えないと。

社長　どうでしょうねえ（笑）。息子は中学2年生になりましたが、鰻は食べるものであって、家業を支えるものとは考えていないようです。それでも料理には関心があるみたいなので、薄く期待しています。

観光地で商売を続ける老舗として変化する時代にどう対応していくのか、しっかり考えているようで、立派な経営者になられたと感心しましたね。再生に大きな役割を果たした妹さんも、今はお店の経営には携わっていないものの、頻繁に顔を出してくれているそうです。きっと、いい相談相手になっているのではないでしょうか。あの当時は、婚約者だったご主人と必死に頑張っておられた姿や、弁護士さんとのやり取りも映像のように思い出されました。

インタビューの前に鰻をいただいたのですが、引退された九代目がお元気そうにお客様と話をされているのが微笑ましく、オーナー企業として理想のかたちを実現しているように感じました。

おわりに

本書では再生に成功した中小企業5社について紹介させていただきました。この話だけをお読みになると、もしかして「再生って意外と簡単なんだな」と思う人がいるかもしれません。しかし、それは完全に誤解です。

今回は、あえて紹介しなかったものの、残念ながら再生までたどり着けなかった事例も数多くあります。つまり、それだけ企業の再生は難しいのです。

それでは、「再生できた企業」と「再生できなかった企業」の違いはどこにあったのでしょうか。後者になってしまう原因は、大きく三つのパターンに分類できると思います。

再生できなかったケース

①経営者の意識改革ができなかった……………約60％
②メイン金融機関の協力が得られなかった…………約20％
③その他の事情（資金繰りが続かないなど）……約20％

今回紹介した5社について考えてみますと、全社に共通しているのは経営者の真摯な姿勢です。具体的にいえば、「会社を再建したい」という執念というか、強い想いが感じられました。加えて、取引先や従業員を守るために、程度の差はあれ、自分を犠牲にしてもいいという覚悟が重要です。自らの保身に走るのではなく、関係者のことを第一に考え、そのために全力を尽くせる経営者でなければ、金融機関だって再生に協力しようとは思わないでしょう。

再生スキームは、事務的な処理だけで進行するものではありません。現場においてはさまざまな人間模様が交錯し、感情を含めた複雑な状況の中で結果が変わっていくのです。したがって、中心にいる経営者の偽りのない真摯な姿勢と、「取引先と従業員だけはなんとしても守りたい」という熱いエネルギーが感じられれば、サポートする私たちだけでなく債権者である金融機関も心が動かされます。それにより、最初は絶対に再生できないと思われた案件であっても、最終的にみんなが納得するかたちで話がまとまり、優良企業に返り咲くといったケースは多いのです。

だからこそ、経営者の方々は、日頃からの言動に注意する必要があります。金融機関だけでなく周囲の人は常にそういった目で会社を見ているのですから、経営者たるもの、しっかりしていなければなりません。

今回の5社に関していえば、この点も合格です。普段から取引先とは誠実につきあい、評判がよかったことも、再生に進むための重要な決定要素の一つになっています。

ここで、先ほどの「再生できなかった中小企業のケース」について、もう少し詳しくみてみましょう。

①の「経営者の意識改革ができなかったケース」として多かったのは、自分の立場に固執しすぎて、周囲への配慮が欠けている人です。要するに経営者のわがままであり、それでは金融機関の協力など得られるはずはありません。とはいえ、このような経営者を説得するのも私の役目なのですから、私の力不足、人間力不足ともいえる訳であり、口惜しい想いもあります。

②の「メイン金融機関の協力が得られなかったケース」ですが、これは10年ほど前の話で、まだ債権放棄を伴う再生の経験のない金融機関が多かったためです。メインの金融機関が、こういった頑なな態度を貫いてしまえばお手上げです。幸い、最近では再生に対する理解が広がっており、このようなケースはかなり減ってきました。

③の「その他の事情」とは資金繰りの行き詰まりがほとんどで、金融機関への返済を止

めても、従業員への給与が支払えない、支払手形が落とせない、税金などの差し押さえがきたなど、事業継続自体が困難になったケースです。

これは人間の病気でも同じで、体調に不安を感じたら、すぐに医師に相談すればいいのに、「まだ、頑張れる」と先延ばしにしているうちに症状が悪化してしまいます。そうなると、もう、どんな名医でも治せません。

ですから、経営がうまくいっていないとわかったら、1年でも1か月でも早く、顧問税理士に相談するとか、私たち再生支援協議会に相談に来てください。そうすれば、本格的な「再生」治療をする前に予防できるかもしれないからです。

中小企業の再生に関して、もう一つ重要な情報を紹介しておきます。

2013年12月、「経営者保証に関するガイドライン」というものが成立し、一般社団法人全国銀行協会および日本商工会議所から公表されました。その骨子は、中小企業が金融機関から借り入れをするときに必要だった「経営者の個人保証」について、今後は求めない方向を目指そうというものです。法律ではありませんから遵守義務はないものの、財界や金融界における一種の紳士協定としてまとめられ、公表されました。

このガイドラインは、やや強引ではありますが、簡単にまとめると次のようなものになります。

「日頃から正確な決算を心掛け、金融機関への説明も誠実に行っている企業であれば、社長の個人保証なしでの融資を受けられるようにしよう」という将来に向かっての方向が示されたのです。金融機関もこの方針を受け入れており、ガイドラインの公表から5年経過した現在では、すでに一定程度、個人保証のない融資を行っているようです。

さらに、重要なのは、経営が行き詰まった際の個人保証の取り扱いに関しての取り決めがされています。本書で紹介したような債務免除（債権放棄）を伴う抜本的な私的再生のケースだけでなく、民事再生法などによる法的再生のケースや、さらに残念ながら破産を申し立てるしかなかった場合などについての個人保証の取り扱いに関して詳細な取り決めがされているので、顧問税理士に聞くなどしてしっかりと勉強することをお勧めします。

一例をあげると、ある中小企業が社長の個人保証で金融機関から借り入れをし、その後、経営が窮境に陥って再生の必要性が生じた場合、従来であれば債務免除の見返りとして社長の私財はすべて取りあげられるだけなく、個人も自己破産しなくてはなりませんでした。しかし、新しいガイドラインの趣旨に基づくなら、もう少し人間らしい対応を求めることができるはずです。

具体的には、「悪質な粉飾決算をしていないこと」「個人の財産を隠さず誠実に開示すること」といった要件さえ満たしていれば、一定の生計費や自宅を残すことを認めた上で個人保証も解除してもらえます。もちろん、ある程度の保証履行はしなければなりませんが、無一文で放り出される心配はなくなるのです。また「個人情報登録機関への報告登録もされない」という優れた取り決めもあるので、クレジットカードなどを失うこともありません。もちろん、金融機関の理解と協力が前提ではあるのですが、こんな素晴らしい紳士協定（ガイドライン）が成立・公表されているのです。中小企業の経営者には、別世界が広がってきたのです。

最後に、改めて繰り返しますが、中小企業の再生は人間の病気治療と似ており、もっとも効果的な治癒方法は「早期発見、早期再生着手」です。再生に取り組む時期が少しでも遅れると取り返しのつかないことになりかねないので、少しでも気になる経営者は、ぜひ、私たち再生支援協議会に連絡してください。

ただし、お断りしておきますが、私たちはブラック・ジャックのような天才的な名医ではありませんので、どんな病気でも治せるわけではありません。だからこそ、経営者自身の「再生したい」という強い意志が必要なのです。

それともう一つ、多くの経営者には、日常、相談している顧問税理士がいると思います。その場合には、再生支援協議会をセカンドオピニオンとして利用し、複数の目を持つことをお勧めしたいですね。

くれぐれも申し上げますが、再生スキームの主役であり、最終的な責任を取るのは経営者自身に他なりません。したがって、あらゆる局面において経営者が自分の考えで判断し、プロジェクトを先に進めていかなければなりません。

顧問税理士に責任を押し付けてもダメ、金融機関の責任にしてもダメ、そしてもちろん、再生支援協議会の責任にしても無駄です。なぜなら、すべては、あなたの問題なのですから。


最後に、本書の発行にご理解とご協力をいただいた5社の社長様はじめ、関係者の皆様に厚くお礼申し上げます。また、東京商工会議所の皆様、中小企業再生支援全国本部の皆様、そして本書の企画時からサポートしていただいた石川憲二様と日刊工業新聞社の土坂裕子様に心より感謝申し上げます。

２０１８年9月　藤原　敬三

（2018年4月9日時点）

協議会名・設置主体・住所・電話番号	
福井県中小企業再生支援協議会	福井商工会議所
福井市西木田2-8-1 福井商工会議所ビル6階	0776-33-8293
滋賀県中小企業再生支援協議会	大津商工会議所
大津市打出浜2-1 コラボしが21 9階	077-511-1529
京都府中小企業再生支援協議会	京都商工会議所
京都市中京区烏丸通夷川上る 京都商工会議所6階 中小企業経営支援センター内	075-212-7937
奈良県中小企業再生支援協議会	奈良商工会議所
奈良市登大路町36-2	0742-26-6251
大阪府中小企業再生支援協議会	大阪商工会議所
大阪市中央区本町橋2-8 大阪商工会議所5階	06-6944-5343
兵庫県中小企業再生支援協議会	神戸商工会議所
神戸市中央区港島中町6-1	078-303-5852
和歌山県中小企業再生支援協議会	和歌山商工会議所
和歌山市西汀丁36番地 和歌山商工会議所2階	073-402-7788
鳥取県中小企業再生支援協議会	（公財）鳥取県産業振興機構
鳥取市本町2丁目123 三井生命鳥取ビル4階	0857-30-6761
島根県中小企業再生支援協議会	松江商工会議所
松江市母衣町55-4 松江商工会議所ビル6階	0852-23-0701
岡山県中小企業再生支援協議会	（公財）岡山県産業振興財団
岡山市北区芳賀5301 テクノサポート岡山4階	086-286-9682
広島県中小企業再生支援協議会	広島商工会議所
広島市中区基町5-44 広島商工会議所ビル5階	082-511-5780
山口県中小企業再生支援協議会	（公財）やまぐち産業振興財団
山口市熊野町1-10 NPYビル8階	083-922-9931
徳島県中小企業再生支援協議会	徳島商工会議所
徳島市南末広町5番8-8 徳島経済産業会館（KIZUNAプラザ）3階	088-626-7121
香川県中小企業再生支援協議会	高松商工会議所
高松市番町2-2-2 高松商工会議所会館3階	087-811-5885
愛媛県中小企業再生支援協議会	松山商工会議所
松山市大手町1-11-1 愛媛新聞・愛媛電算ビル3階	089-915-1102
高知県中小企業再生支援協議会	高知商工会議所
高知市堺町2-26 高知中央第一ビジネススクエア5階	088-802-1520
福岡県中小企業再生支援協議会	福岡商工会議所
福岡市博多区博多駅前2-9-28 福岡商工会議所ビル9階	092-441-1221
佐賀県中小企業再生支援協議会	佐賀商工会議所
佐賀市白山2丁目1番12号 佐賀商工会議所ビル4階	0952-27-1035
長崎県中小企業再生支援協議会	長崎商工会議所
長崎市桜町4-1 長崎商工会館3階	095-811-5129
熊本県中小企業再生支援協議会	熊本商工会議所
熊本市中央区横紺屋町10番地 熊本商工会議所ビル3階	096-311-1288
大分県中小企業再生支援協議会	大分県商工会連合会
大分市金池町3-1-64 大分県中小企業会館6階	097-540-6415
宮崎県中小企業再生支援協議会	宮崎商工会議所
宮崎市錦町1番地10号 KITENビル7階	0985-22-4708
鹿児島県中小企業再生支援協議会	鹿児島商工会議所
鹿児島市東千石町1-38 鹿児島商工会議所ビル8階	099-805-0268
沖縄県中小企業再生支援協議会	那覇商工会議所
那覇市久米2-2-10 那覇商工会議所ビル4階	098-868-3760

中小企業再生支援協議会一覧

協議会名・設置主体・住所・電話番号	
北海道中小企業再生支援協議会	札幌商工会議所
札幌市中央区北1条西2丁目 北海道経済センター6階	011-222-2829
青森県中小企業再生支援協議会	(公財)21あおもり産業総合支援センター
青森市新町2-4-1 青森県共同ビル7階	017-723-1021
岩手県中小企業再生支援協議会	盛岡商工会議所
盛岡市清水町14-17 中圭ビル104号室	019-604-8750
宮城県中小企業再生支援協議会	(公財)みやぎ産業振興機構
仙台市青葉区二日町12-30 日本生命勾当台ビル8階	022-722-3872
秋田県中小企業再生支援協議会	秋田商工会議所
秋田市山王2-1-40 田口ビル4階	018-896-6150
山形県中小企業再生支援協議会	(公財)山形県企業振興公社
山形市城南町1-1-1 霞城セントラル13階	023-646-7273
福島県中小企業再生支援協議会	(公財)福島県産業振興センター
福島市栄町10番21号 福島栄町ビル8階	024-573-2562
茨城県中小企業再生支援協議会	水戸商工会議所
水戸市城南1-2-43 NKCビル6階	029-300-2288
栃木県中小企業再生支援協議会	宇都宮商工会議所
宇都宮市中央3-1-4 栃木県産業会館7階	028-610-4110
群馬県中小企業再生支援協議会	(公財)群馬県産業支援機構
前橋市亀里町884番地1 群馬産業技術センター	027-265-5061
埼玉県中小企業再生支援協議会	さいたま商工会議所
さいたま市浦和区高砂3-17-15 さいたま商工会議所会館5階	048-836-1330
千葉県中小企業再生支援協議会	千葉商工会議所
千葉市中央区中央2-5-1 千葉中央ツインビル2号館13階	043-201-3331
東京都中小企業再生支援協議会	東京商工会議所
東京都千代田区丸の内2-5-1 丸の内二丁目ビル5階 2018年11月26日に下記住所に移転 東京都千代田区丸の内3-2-2 丸の内二重橋ビル4階	03-3283-7425
神奈川県中小企業再生支援協議会	(公財)神奈川産業振興センター
横浜市中区尾上町5-80 神奈川中小企業センタービル12階	045-633-5143
新潟県中小企業再生支援協議会	(公財)にいがた産業創造機構
新潟市中央区万代島5番1号 万代島ビル9階	025-246-0096
長野県中小企業再生支援協議会	(公財)長野県中小企業振興センター
長野市若里1-18-1 長野県工業技術総合センター4階	026-227-6235
山梨県中小企業再生支援協議会	(公財)やまなし産業支援機構
甲府市大津町2192-8 アイメッセ山梨3階	055-220-2977
静岡県中小企業再生支援協議会	静岡商工会議所
静岡市葵区黒金町20-8 静岡商工会議所会館3階	054-253-5118
愛知県中小企業再生支援協議会	名古屋商工会議所
名古屋市中区栄2-10-19 名古屋商工会議所ビル7階	052-223-6953
岐阜県中小企業再生支援協議会	岐阜商工会議所
岐阜市神田町2-2 岐阜商工会議所ビル3階	058-212-2685
三重県中小企業再生支援協議会	(公財)三重県産業支援センター
津市栄町1-891 三重県合同ビル6階	059-228-3370
富山県中小企業再生支援協議会	(公財)富山県新世紀産業機構
富山市高田527 情報ビル2階	076-444-5663
石川県中小企業再生支援協議会	(公財)石川県産業創出支援機構
金沢市鞍月2-20 石川県地場産業振興センター新館2階	076-267-1189

〔著者略歴〕

藤原　敬三（ふじわら　けいぞう）

東京都中小企業再生支援協議会　顧問
中小企業再生支援全国本部　顧問

1972年大阪府立北野高校卒業、76年神戸大学経済学部卒業、第一勧業銀行入行、支店長、審査部企業再生専任審査役を歴任。2003年3月みずほ銀行を退職し、東京都中小企業再生支援協議会統括責任者、顧問、07年4月全国本部統括責任者、17年4月より現職。
内閣府、経済産業省、中小企業庁等各種研究会委員を歴任。個人版私的整理ガイドライン運営協議会委員、経営者保証に関するガイドライン研究会委員、事業再生実務家協会常務理事（現職）。

主な著書・寄稿等
「実践的中小企業再生論」（金融財政事情研究会）、「経営者保証ガイドラインの実務と課題」（商事法務）共著、「私的整理ガイドラインの実務」（金融財政事情研究会）共著、商事法務「NBL」、金融財政事情研究会「事業再生と債権管理」「金融法務事情」他。

会社は生き返る
カリスマドクターによる中小企業再生の記録　　NDC335.1

2018年10月20日　初版1刷発行　（定価はカバーに表示してあります）

©	著　者	藤原　敬三
	発行者	井水　治博
	発行所	日刊工業新聞社
		〒103-8548　東京都中央区日本橋小網町14-1
	電　話	書籍編集部　03（5644）7490
		販売・管理部　03（5644）7410
	ＦＡＸ	03（5644）7400
	振替口座	00190-2-186076
	ＵＲＬ	http://pub.nikkan.co.jp/
	e-mail	info@media.nikkan.co.jp

取材構成　石川　憲二
本文デザイン　志岐デザイン事務所
印刷・製本　新日本印刷（株）

落丁・乱丁本はお取り替えいたします。

2018　Printed in Japan　ISBN978-4-526-07888-0